小小生活高手

培養兒童生活自理能力

洪敏琬 ◆ 著

Contents 目錄

♥ 鍾序：給他魚，不如教他如何釣魚！ iv

♥ 周序：生活是高手、健康到白首 vii

♥ 自序 x

♥ 前言 001

① 媽咪！我會摺被子！ .... ① 初 寒 008

② 一起來摺衣服！ .... ① 初 平 012

③ 一指神功暖呼呼 .... ② 初 寒 017

④ 平平安安回家！ .... ① 高 平 022

⑤ 玩具乾淨，玩得放心 .... ① 初 暑 027

⑥ 你煮我收小幫手 .... ③ 中 平 032

⑦ 買東買西買東西 .... ① 中 暑 038

⑧ 我煮的飯香噴噴！ .... ② 中 平 043

⑨ 逍遙公車任我行 .... ① 高 平 048

⑩ 洗洗刷刷過新年 .... ③ 初 平 053

⑪ 安全方便用瓦斯 .... ② 高 寒 058

⑫ 元宵我來煮湯圓 .... ② 高 寒 064

⑬ 洗臉刷牙吃飯囉！ .... ① 初 平 069

⑭ 穿衣換褲我最棒 .... ① 初 平 076

⑮ 穿鞋穿襪、上廁所 .... ① 初 平 081

⑯ 你煮我剝來吃蛋 .... ② 高 寒 087

⑰ 自己洗澡香又棒！ .... ① 初 暑 094

⑱ 手帕、襪子、小褲褲輕鬆洗！ .... ① 初 暑 102

⑲ 烤箱烤箱烤得香！ .... ② 中 寒 108

⑳ 文具玩具回家囉！ .... ① 初 平 115

目錄

㉑ 元寶進門，全家長壽！................② 高 寒 122

㉒ 你挑我揀吃好菜 ....③ 初 平 126

㉓ 我愛環保，垃圾拜拜！................③ 初 平 130

㉔ 洗洗水果，營養好吃！................③ 初 平 134

㉕ 菜足飯飽，我來洗碗 ....③ 中 平 138

㉖ 魔法掃把掃掃掃 ....③ 中 平 142

㉗ 煮麵吃麵面面俱到................② 高 寒 146

㉘ 全家一起來洗衣玩水 ....③ 中 暑 150

㉙ 晾衣高手就是我！................③ 中 暑 154

㉚ 讓孩子露一手「蒸」功夫 ....② 高 平 159

㉛ 掃廁所不再是苦差事................③ 中 平 163

代號說明

一、類型

① 個人：管理自我生活的個人生活技能

② 煮食：烹煮食物相關技能

③ 家庭：幫忙家務的家庭生活技能

二、程度

初 初階：無危險性，不需特殊技巧即可學習，幼兒（三歲以上）也適用

中 中階：需要手眼協調發展成熟，能充分理解並接受指示，適合幼稚園
大班（建議五歲左右）以上年齡層

高 高階：除具備中階程度外，並具備基本生活常識（如物理現象認知），
建議適用於小學中年級以上年齡

三、時機

寒 寒：最好在天涼時進行學習，尤其是寒假（如煮熱食）

暑 暑：最好在天熱時進行學習，尤其是暑假（如洗刷物品）

平 平：平時即可進行學習

鍾序

給他魚，
不如教他如何釣魚！

　　我的母親是一位職業婦女，除了在外工作、在家相夫教子外，做家事更是條理且俐落。其實在我的記憶中，當時眷村裡的阿姨們都是這樣的，因為她們只盼望孩子用功讀書、考上大學，至於上了大學以後如何，父母倒不是那麼關心。記得我初住進學校宿舍，那是糗事一大堆。例如：第一次買洗衣粉洗衣服，一次就倒了大半包，把浴室搞得滿地泡沫；而摺被子也是宿舍教官內務檢查時，才勉而為之，但自覺比起其他室友還算不錯；直到服役時，自認摺的像饅頭的被子，在訓練班長的眼中卻是「花捲」，因此常被罰出「棉被操」。甚至，到出國念書第一次下廚炒菜，就搞得廚房油煙警報器大響，被趕來的管理員罵了一頓。

　　回想起來，成長的歲月裡，真有好一陣子總覺得自己的生活自理能力頗低，也別說有自信做其他家事了。遺憾的是，我發

現現今一些孩子的生活能力並未隨時代而進步，似乎比我當年也強不了多少；至少我從小掃地、洗碗、倒垃圾還行，自己出門坐車、過馬路也算有自信，而這些卻是現代許多父母口中所擔心或抱怨的事。問題到底出在哪裡呢？其實，孩子很早就有照顧自己的意願，只是現今的父母很少提供孩子「我能做到」的機會，自然無法幫助他們在生活中有信心、並建立生活自理的能力。

台灣大學心理系柯永河教授在他的《習慣心理學》巨著中，曾引述日本的教育工作者十束文男、關根正明、須藤蘭子和尾木和英的觀點，這四位學校的校長或老師有感於社會變遷的影響，合撰《基本生活習慣的培養》一書，之後成為日本學校教育中培養兒童良好生活習慣的指導原則。這些基本生活習慣包括：尊重自己和他人生命的習慣、健康的生活習慣、安全的生活習慣、有規律的生活習慣、整理周邊物品的習慣、善用時間的習慣、善於利用物品的習慣、善於管理金錢的習慣、符合情境時空的貼切表現習慣等。

生活習慣之所以成為習慣，是長期行為學習到能力建立的過程，因此孩子必須在日常生活中點點滴滴地學習，漸漸形成能力，而《小小生活高手》一書正是提供父母培養孩子生活能力的具體教養策略和方法。當然，書中內容不可能涵蓋所有的生活能力層面，但我深信父母必能從書中獲得深遠的啟示，並能在家庭中加以實踐，進而舉一反三地培養孩子更多、更好的生活能力。理由無它，因為目前教養的關鍵不在父母自己懂多少、該教什麼，而是如何教、如何讓孩子有效地學習。

　　敏琬是一位受學生歡迎的老師，一方面認真於空中大學的教職，一方面是關心親職教育的作家，多年來細心觀察家庭的親子互動，持續地累積許多寶貴的教養經驗。為貢獻自己的心得與更多的家長分享，繼《解讀小人》的出版後，她完成這本增進孩子生活能力的工具書，值得父母正視，並引為重要的參考。我曾有幸與她一起籌畫和製作空大的「親職教育」課程，如今又是親職教育工作的夥伴，因此欣然再度為序，並期盼她有更多教養經驗之作，繼續為我們的下一代教育貢獻心力。

鍾思嘉

2009 年 3 月

周序
生活是高手、健康到白首

記得從小就得做許多自我照顧、家務與環境維護的工作，當時小小年紀的我，挺怨自己生錯家庭；尤其，望著別人家的小孩，茶來伸手、飯來張口，只管念書，什麼家務工作都不必參與，而自己卻舉凡穿衣、洗衣、燒飯、做菜、清理家園，樣樣都得來，真的很想重新投胎轉世，生在那樣的家庭。

到了年紀稍長，發現自己不只做家務工作，甚至做任何事情都比別人俐落、快速，頗能享受事半功倍的效率，便開始體會到小時候的訓練有點幫助──從做中學。到了結婚、育兒之後，雖面對家庭與工作兩頭燒，但總能處理得宜，尚能兼顧，更深深體會小時候的歷練是一種恩典，終身受用不盡。這時，慶幸自己的父母很有眼光，讓孩子從小學習打理生活。回首自己曾經盼望重新投胎轉世，不禁莞爾。

然而，不管過去或現在，我們可以看到大多數的父母把照顧子女、處理家務等工作一肩挑，認為那是父母的天職，只深恐少做了什麼。在一些家庭中，更把讓子女生活自理、做家務當作

是懲罰，因此孩子從小對自我照顧、家務工作的認知呈現完全的扭曲。孩子的心目中認為「自己打理生活是爹不疼、娘不愛的小孩」、「要做家務是因為不乖，所以家務是處罰、家務是痛苦的象徵」，這些扭曲的家庭教育，使得孩子從小就想盡辦法遠離這些事務，而最終成長為一個不太具有生活能力的人。

曾經有位高中教師，分享了現在高中學生生活能力的笑話，她說要學生製作檸檬紅茶，學生竟然將整顆檸檬丟到水中，然後就宣告大功告成，老師告訴他檸檬要切片，他說他從來沒見過切片的檸檬。我們也看到，多少在外求學的莘莘學子，在放長假返鄉時，扛了大包小包物品進家門，打開來一看，原來是扛回家給家人洗的被單、衣物，這是不是很讓人錯愕？這群人在必須離開父母，獨立過生活時，往往成為泡麵族、外食族、狗窩族，這些缺乏生活能力的族群，在身體健康、生活樂趣隨著歲月流逝時，再來懊悔小時候沒好好學，但為時已晚矣！這不是「愛之適足以害之」嗎？

《小小生活高手》一書，並不是從深奧的學理出發，而是從生活經驗中，提出如何養成生活能力的一本「**實作書**」，每一個實作主題、實作流程都淺顯、易懂、更易做，當然更是充滿了樂趣與分享。依著書上的說明一一操作，不但可以共享親子樂，還可以透過親子腦力激盪，創造更多生活品味。舉例來說，學會煮元宵之後，可以創造出酒釀湯圓、綠豆湯圓、薏仁湯圓、珍珠湯圓、水果湯圓等，讓生活充滿創意。

　　有了這本書，讀者們一定不會再覺得做這些生活中的事物是一種負擔，而是一種享受、是一種愛。請天下的父母們，別吝於分享這些愛給子女，讓他們有機會建立一輩子受用不盡的資產──「生活是高手、健康到白首」。

周麗端

國立台灣師範大學人類發展與家庭學系副教授兼系主任

時常在提到兒子當年的「光榮紀錄」時，例如：大班就會煮蛋（還是糖心的喔）、小一會自己搭公車去上籃球營、滿十二歲就單獨搭飛機出國，以及薯條、蔥油餅都比我煎得還好吃等，除了必然的讚嘆外，往往換來附帶的疑問：「你是怎麼訓練的？」

實際上，由於先生長年在國外工作，在身為職業婦女又無親人、長輩就近支援的情形下，我與兩個孩子的獨立應該是「不得不」吧?! 女兒小時候常在假期的前一天來個過節大高燒，兒子到現在都還記得半夜被我搖醒告知：「妹妹在發燒，媽媽要帶她去急診。」女兒則是記得媽媽連夜洗被單，因為被她吐到沒被單可以換，只能鋪大浴巾先睡。如果說職業婦女是蠟燭兩頭燒，當年的我應該是整根都在燒！所以碰上憂心的媽媽問我，為什麼孩子什麼都不會時，我常回答：「每個無能的孩子背後，往往有個萬能的媽媽！」

我常給孩子來個腦筋急轉彎：「你們知道將來你們是怎麼死的嗎？」不必想那些老掉牙的什麼地球毀滅之類的，而是「笨死的」！現在的孩子最會的是什麼？打電腦、看電視吧！所以囉，什麼都不會，還不笨死嗎？加上日常生活中，有些習以為常的瑣事，大人們往往因為已經太熟悉了，所以覺得「這有什麼好教的？」另外，有些事則是「太危險了，這怎麼能教？」剩下的

有些事，孩子又好像已經會了，所以也不必教。這麼說來，公主與王子應該從此就會過著幸福快樂的日子了，但為什麼還是常聽到爸媽們的高分貝：「看你，連這麼簡單的事都不會做！」或是「哪有用這種笨方法的？」……那好吧，就請能者多勞，孩子大可樂得清閒！有鑑於此，繼嬰幼兒心理系列的「解讀小人」之後，繼續執筆的「小小生活高手」一書，則是由實作切入，目的在培養現代孩子的生活能力。讓可愛的「小人」成長為具有生活自理能力的「小小生活高手」。

在寫文章或在學校講課時，兒子、女兒常常是我提到的例子，難道他們都是上天下海、無所不能？實際上，我家向來很少窗明几淨，有時忙起來，甚至是亂成一團；而孩子們也絕非品學兼優，有時還是難免懶散脫線，就像一般人家的孩子。但是我一向對孩子深具信心，知道他們非不能也，只是不為也。撰寫《小小生活高手》時也是抱持著這樣的心情，讓孩子具備自理生活的能力，他們不見得馬上就能改頭換面，從此十八般武藝樣樣精通；但是具備了這些能力，孩子只會有「為」與「不為」的猶豫，而不會有「不能」的無奈，在需要發揮的時候，也不致於有「真的不會」的手足無措。

在白曉燕命案喧騰一時之際，「這樣不會太危險嗎？」是另一項必然的疑問。但，「什麼是意外？」則是我反拋的問題——意料之外稱為「意外」；既然是在意料之外，那麼就不必杞人憂天。但這樣的觀點並不代表一切無為而治，什麼也不必教孩子，更不意味著教孩子可以隨興。實際上，從教孩子摺衣服、洗玩具

到過馬路、搭公車……等，這之中的每一項我都一步一步仔細規劃思考。而在教導訓練的過程中，則是反覆再三地由示範、教做、試做到放手、觀察、修正、考核、隨時抽查……，在冗長的過程中逐漸累積孩子的生活技能。掌握時機、因勢利導，加上有系統、有步驟的帶領，更能推孩子一把，幫助孩子提前上路。女兒小一時，有一次請我幫忙洗舊書包，我趁機建議她，何不學學自己洗，女兒也興致勃勃。於是，一步一步地從浸泡、打肥皂、刷洗到沖淨，我都示範一下便讓她自己做，她的確也做得很好，第二天就背著自己洗乾淨、像新買一樣的書包，高高興興地上學去了。在當天的連絡簿上，她寫道：「……每次媽媽總是會一個步驟、一個步驟的教我，所以我很快就學會了……謝謝妳，親愛的媽媽！」因此，多用點心，孩子一定會感受到，也一定會有收穫的。

在撰寫《小小生活高手》的過程中，發現有些事是做的容易說的難，要將做起來理所當然的事鉅細靡遺地寫出來，有時必須反反覆覆地來回思索。但是想到現在的年輕人都晚婚，生女兒時已屆高齡的我，自認將來無法親自指導兒女們如何帶孩子，因此特別用心撰寫每一篇文章，希望將來他們捧著這些「教戰手冊」時，能感受到老媽的一番用心。

而在這麼多年之後，兒子早就上了大學，身兼直排輪教練的他，據說還頗受學生歡迎。對心理學和教學技巧等，他也頗感興趣，並曾有感而發地說：「要把一個孩子教好真不容易！」……嗯，你知道就好！不過在生活技能上，現在我要向他學的可就多

了，妹妹第一次會用電鍋煮飯也是他教的（雖然是居於轉包勞務的心情）。碰上身邊的朋友笨手笨腳或不會做某些事時，兩個孩子常會感到不可思議，並用與我當年如出一轍的口氣說：「你要知道，做事情是要有方法的……」，身為母親，我相信在未來，他們一定會有自己的方法好好過日子。在兒子將屆成人，而我將年近半百之際，希望本書的出版，能夠幫助更多的父母親，成就你們家中的小小生活高手！

洪敏琬

2009 年 2 月

Foreword 前言

現代家庭子女生養得少，放眼周遭，常看到一些被養得很好，但是欠缺教導的孩子。在小家庭、兩地家庭甚至是單親家庭都愈見普遍的今日，如何讓每個人都具備必要的生活技能，不成為他人的負擔，是基本的生活倫理。就算是孩子，也有他能夠成就的兩把刷子，爸爸媽媽對待孩子口口聲聲「太危險」、「太麻煩」，凡事一手包時卻又要嘀咕「太忙碌」、「太辛苦」……，結果愛之適足以害之，造就了一個個新世紀的生活無能者。

其實，生活中的每件事物都是學習的來源，就算是孩子已經會的事情，往往可以由大人的角度提供更快捷有效的方法，讓孩子能夠事半功倍。因此在學習的主題上，「小小生活高手」的設定是無所不教，由最基本的刷牙、洗臉、穿衣服到拿筷子、剪刀、鉛筆，其實都有方法；而一般人認為有危險性的像是過馬路和使用烤箱、瓦斯爐等，也可以在大人周延的設計教導下，安全又有效地執行。

在本書中，介紹了多達三十餘項的學習任務，為了便於區別，因此將所有主題依類別分為「煮食」、「個人生活技能」與「家庭生活技能」三大類。民以食為天，「煮食類」便是要教孩子如何填飽自己的肚子。由最基本的用電鍋煮飯，到開始訓練孩子如何安全地使用瓦斯爐，讓孩子經由簡單的加水煮食，煮出像

湯圓、蛋、水餃、麵等方便又好吃的食物，再配合微波爐和烤箱的使用，爸媽就不必擔心孩子會餓肚子了，說不定還能讓孩子露一手，填飽全家人的肚子呢！

「個人生活技能類」，望文生義，便是在培養個人的生活自理能力，像是摺被子、摺衣服、刷牙洗臉、穿衣服、洗澡、收拾玩具文具、自己買東西、搭公車等，讓每個人都能處理好個人個別的事。而「家庭生活技能類」則是希望家庭中的每一份子能在獨善其身之餘，能更進一步共同完成家中的共同事務，像揀菜、洗菜、洗水果、洗碗、掃地、倒垃圾、洗衣服、晾衣服，以及洗浴室、馬桶、洗臉台等，目的就在讓孩子不只能打理個人事務，進一步更能在群居生活中自助助人，將生活周遭的相關事務也處理得圓滿順手。

在學習的進程上，由於讀者的孩子們年紀應有參差，且在某些項目上，高年級的高材生可能也不會或是不得其法，因此本書便將任務依執行的困難度與複雜度分為「初階」、「中階」與「高階」。可想而知，「初階」任務設定的學習年齡層和認知程度較低，爸媽在旁多半只是陪伴的作用，不需要特別準備什麼道具，孩子做得好不好也不會有什麼太嚴重的後果。像摺衣服、被子，摺得好的整整齊齊，摺不好的頂多就是像一團麻糬或棉花糖；穿衣穿褲則是一開始多半會前後穿反；剛開始學刷牙就可能會多吞些牙膏……等，原則上都不會有什麼危險性。但是列為「高階」的任務可就不同囉！像煮東西和使用瓦斯爐、烤箱……等，不只是操作的過程比較複雜、有較多的細節，小小生活高手自己需要

更小心、更用心，爸媽們也不再只是旁觀者，除了需要先準備一些特定的道具，像瓦斯爐、烤箱、鍋子等，還必須積極地指導監督、觀察小小生活高手如何執行每個步驟，因為這時候做得好不好，可就有絕對的差別，效果也會大大不同喔！開瓦斯爐、用烤箱的方式正不正確，當然絕對不能大意；湯圓放下去沒有馬上攪一攪，就會黏在鍋底，煮成一團麵糊；還有煮蛋時，火要開多大、煮多久才會煮成糖心等，這些都不再是隨便做做就可以的，在執行過程中必須絕對地專注，甚至需要反覆地操作才會熟能生巧。至於「中階」的任務，當然就是有點難又不會太難囉！爸爸媽媽可以斟酌實際情況參照，以決定讓孩子由哪個階段的任務開始學習。

那麼為什麼不乾脆將主題依類別編排，將煮食類的全部集中，或是依初中高階的順序，將初階的任務放前面呢？噯～爸爸媽媽們，你們還真是死腦筋，孩子們可以隨時起步，從任何時候、任何主題都可以開始新的學習，再說也不可能一天到晚都在學煮東西，有時大半高階的任務會了，卻還是有幾項低階的不會呢！其實初中高階只是大概的分類，執行每項任務所需具備的能力在每一篇的「基本能力」項目都有詳細的說明。而為了方便對照參考，目錄中將也所有主題的分類方式列出總表，爸媽可以在此加以註記，看看孩子已經會了哪些招式。一本《小小生活高手》，如果招招都會，就算沒有三十六計，至少也身懷十八般武藝，足以讓孩子有條不紊地過日子，當然相對地，爸爸媽媽也可以悠遊自在囉！

除了「基本能力」項目，在本書每次的主題中，都會有「準備事項」和「步驟說明」讓父母親參照遵循。「準備事項」是請爸爸媽媽布置環境或是準備必要的事物，例如教孩子摺衣服，就會請父母先騰出孩子放衣服的空間，並為孩子準備適當的衣櫃。有些主題雖沒有實質物品的準備，但須就程序或情境加以勘察或預演，目的無非是希望爸媽先對主題有所認知，再依據各家狀況自行調整。最重要的是，有了萬全的準備，才能在孩子執行的過程中，解決可能發生的狀況或困難，達成最佳的學習效果。同時，在這樣的準備動作和教導過程中，讓孩子深切感受到您的用心，無形中更能為親子感情加溫喔！

在「準備事項」之後會先提示「基本原則」，然後詳細介紹「步驟與方法」。曾有朋友們看過之後向我提到：「哇，這麼小的事情妳都會想到，這麼細的動作都要列出來啊？」的確，也許是老師當久了，我喜歡將事情程序化，並且儘可能考慮周全，以保障孩子的安全。有些主題篇幅較長，就是為了鉅細靡遺地交代一些重要的關鍵。孩子往往不如大人的深思熟慮，父母們多一分的考慮和準備，可以給孩子們多一分的保障。最後會提醒父母們一些「注意事項」，希望透過簡要的敘述，提供有心的爸媽們一些參考。

雖然在動機上，撰寫《小小生活高手》的用意是在於增進孩子的生活技能，但難免碰上某些主題是家裡的大人（尤其是長輩）認為危險的，像使用瓦斯爐就是很多爺爺、奶奶、爸爸、媽媽高舉雙手反對的；而有些主題則可能是大人們認為孩子大了自

然就會的，像洗澡、穿衣、穿褲……等；其他有些主題則可能是在家中環境或觀念中認為不必要的，這時順了姑意便逆了嫂意，順了嫂意則又逆了姑意，怎麼辦呢？其實教養孩子的觀念不同是必然而且正常的，大人們如果能夠事先協調，採取一致的態度，那麼無論學不學某些主題，都能讓孩子有所依循，穩定快樂地成長，況且家和才能萬事興嘛！

談到做家事，「如何叫孩子做家事？」「孩子幾歲該開始做家事？」「幾歲的孩子該做什麼樣的家事？」「孩子叫不動怎麼辦？」……等，可都是爸爸媽媽們最頭痛的問題。那麼，首先就要問問所有的家人：「家事是誰的事？」

「家」事、「家」事，家事就是指家裡的事，所以只要是這個家裡的一份子，當然就應該要分擔家事，這麼顯而易見的道理，應該是每個人都會同意並接受的吧！那麼孩子該從幾歲開始做家事？又能做些什麼事呢？其實最基本的家事就是管好自己的事，例如小小孩能夠自己吃東西、刷牙、洗臉、穿衣服；小朋友會自己洗澡、收拾玩具；大朋友會自己買東西、過馬路等，只要不要讓自己個人的事成為別人額外的負擔，就是做家事的起點。

雖說做家事是每個人的責任，但總會有一些做個家事也要三催四請的大老爺、大少爺或大小姐們，這時該怎麼辦呢？所謂國有國法、家有家規，爸媽必須協調家人訂出全家人能夠共同生活的基本原則，而家裡的每一份子都應該遵守公約；不過，爸媽只要訂出大原則，執行的細目權限就留給個人吧！像爸媽最頭痛的收拾房間，往往大人覺得像垃圾堆的房間，孩子卻認為爸媽太大

驚小怪，簡直是沒見過更不堪的世面。那麼就協調出大人、孩子都可以接受的最低標準，例如一個月必須打掃一次房間；但前提是不能不做，若是不盡義務，相對地會被剝奪權利以做為罰則，像不能看最喜歡的卡通、不能打電動等，這樣就能兼顧父母與孩子的主導權。通常當這些無奈的爸媽把問題的主導權回歸到孩子手上，請他們自己決定收拾房間和寫功課的時間，孩子會漸漸學到如何安排自己的時間。但是決定了就一定要信守承諾，做完該做的事，並且為自己答應的事負責。當然囉，在要求孩子的同時，爸媽更要以身作則、遵守公約哦！

那麼，什麼時候教孩子呢？兒子女兒會揀菜，都是我在揀時湊過來學的，我要摺衣服時也會叫他們一起摺，因此在孩子顯現出動機和好奇心時要及時掌握，順勢教導。而對於沒有動機的孩子則要製造機會，在過程中更要營造趣味、創造成就以鞏固信心，例如教孩子用電鍋煮飯，就能兼具這些效果。當然隨著真實生活的情境因勢利導更是必要，像「學習過馬路」就是每天都能隨機實習的，而「什麼是變壓器」，在更換壞掉的燈管時就是最佳的教學時機，不必等到孩子念國中上物理時才學。生活周遭隨時充滿著活教材，讓我們可以不停地學習，因此，更應該隨時利用機會及時教導孩子，寧可讓他們的各種生活技能備而不用，而不致於用時方恨少喔！

此外，《小小生活高手》中各個主題的學習並沒有絕對的必然性，換句話說，不像學校的功課一樣，設定了必須完成的時間和程度，所以爸爸媽媽可以考量孩子個別的年齡、性向、特質

和認知程度，依據每個孩子和家庭的個別狀況，訂定學習的進程。在心情上，爸媽們不需要如臨大敵，押著孩子照表操課，應該參酌孩子的能力和性向，以及家庭本身的主客觀條件等，做彈性的調整。以教坐公車為例，兒子方向感佳，對各種交通工具又有興趣，觀察入微，且心性單純，因此小一會自己搭公車後，我也很放心地讓他快速進展到搭捷運、火車和轉車換車等；可是對於心眼多、主意多，對機械器具較沒概念的女兒，同樣到了上小學時，不要說坐公車，就連讓她單獨在家都不如像對兒子一樣放心。因此，在陪孩子進行學習時，請切記：不比較、不強求、不責罵，善用時機引導，在過程中融入趣味，才能成就快樂的小小生活高手。

在教導孩子的過程中，父母也可以檢討做事的程序和方法是否恰當，讓自己也能成為更上一層樓的生活智慧王！隨著孩子的生活技能日漸增加，爸爸媽媽欣慰地看到子女的成長之餘，也能同時卸下「代工」的重擔。當然，親子情感交流更是過程中必然的收穫。因此，讓我們一起陪伴孩子成為小小生活高手吧！

媽咪！我會摺被子！

1 初寒

冬天的寒流一波接一波，除了身上愈穿愈厚的冬衣，為了睡個溫暖的好覺，家中的各種被子也都出籠了——墊被、毯子、蓋被……等，家中每個人都蓋三層被子；那麼如果全家有六個人……喔喔～冬天被窩暖烘烘，但小心，也可能變成全家被子亂糟糟！

對於大人或大一些的孩子，摺被子當然不是難事，只是摺不摺罷了。可是對於年紀小的孩子而言，摺被子就非不為也，而是不會摺也！父母們也頗能接受孩子抖不動一大床被子的理所當然，所以有時間，爸媽或兄姊幫著摺也就算了。但通常一大早，大家忙上班上學已經夠難飛狗跳了——於是爸媽心想，算了，孩子長大些就會摺了，或等到春暖花開，被子輕了薄了再教他們吧！再不然就使出掩人耳目法——有床頭櫃的最簡單，全部塞進去就通通看不見，或是如果孩子的床兩邊都有走動的空間，可以教他們將被子沿著床邊鋪平，這樣就可將一切隱藏於無形，嗯，

不錯不錯！不過，摺被子真的有這麼難嗎？其實，抖不動被子的三、四歲娃兒，也能把被子摺得好好的喔！而冬天通常爸媽最擔心的是，孩子起床換衣服時容易感冒，這次的任務就要讓大家皆大歡喜，讓孩子下床時不但衣服換好了，被子也摺好了。

本次任務：摺被子

- ♥ 基本能力：手能抓住被子即可。
- ♥ 基本原則：由大化小，靠邊推。
- ♥ 準備事項：請父母將孩子當天要穿的衣服、襪子準備好，放在床頭，上衣放在最上面。

步驟說明

1. 起床第一件事，先坐起來，趕快把上衣套好（給父母的建議：冬天時，孩子睡覺穿的貼身衣物最好第二天當內衣穿，不必脫下，避免著涼。過敏的孩子更要請他記得起床就戴上口罩）。

2. 套好上衣以後，身體往前彎，如果被子太長，請孩子往前坐，直到可以拉到被子尾端的兩個角，把它們往兩邊拉平。如果孩子手不夠長，可以分兩邊作業，這邊拉平，再拉平另一邊（圖1-1）。

圖1-1

3. 坐直,抓住被子最上面的邊,把被子往兩邊攤平。兩隻手抓著被子上面兩端,再一次彎向床尾,就把被子摺成一半囉(圖1-2)!

圖1-2

4. 坐在對摺的被子裡,腰和腳仍然很溫暖,此時可以開始換下半身的衣服了。褲子裙子換好後,記得把襪子也穿上,如此下床時,全身都仍然保持得很溫暖呢(圖1-3)!

圖1-3

5. 換好衣服後,抓住已經對摺的被子邊緣再對摺,便成為四分之一。這時,可視實際情況向床尾或向牆邊靠,或摺成更小(圖1-4),再下床把被單拉一拉,

圖1-4

媽咪！我會摺被子！

不僅床鋪平，被摺好，衣服也換好了！而且在摺被子的過程中，彎身、拉被的，這樣也活動了筋骨，就像做了一場早操，頭腦也清醒了呢！

6. 如果一次蓋了兩件被子（如蓋被下方還有件毯子），請孩子兩件一起摺，方便晚上直接拉開蓋上。如果太厚，可請他摺成對半就好。

　　雖然摺被子簡單、沒有危險性，還是請父母先示範，再請孩子跟著做一次。剛開始孩子可能不太習慣，或摺得不太好，但只要能將原先的大被子依序由大化小，成為一疊（最初可能是一團），便值得嘉獎。最好挑星期五晚上示範練習一次，星期六起床不趕時間，可以慢慢練習，星期天再練習一次。下一週，孩子就會愈做愈好，而且愈摺愈快喔！

　　這次介紹的「摺被兼換衣起床法」，可是大人小孩都適用喔！養成習慣後，每天早上只要幾分鐘，全家都能換好衣服摺好被，全身暖烘烘地一起享用熱騰騰的早餐，從容地準備上班上學。不像以前，爸媽得連拖帶拉地伺候孩子換衣服，既怕孩子感冒，又怕自己上班來不及，早餐往往不是叼在嘴上就是塞在口袋裡，先出門再說。被子呢？唉，反正晚上還要再睡，摺不摺無所謂啦！趁此機會，家中無論是「不為」或是「不能」，而讓被子天女散花的老老小小，大家超級比一比，看看誰是摺被子高手！

一起來摺衣服！

② ① 初 平

學會了摸蛤兼洗褲——喔，不是不是！是「摺被兼換衣起床法」後，是否讓全家能從容地享受一頓熱騰騰的早餐了呢？還是如一位媽媽所說的：「天氣冷全家都賴床，還是到最後一刻才兵荒馬亂地衝出門！」果真如此，就先將此絕招備而不用吧！但是這次學到的，就該請孩子確實執行，否則不只被子一團糟，衣櫃也會亂糟糟！

🍞 本次任務：摺衣服

- ♥ **基本能力**：手能抓住衣服即可，如果認識長方形、正方形等形狀更佳。
- ♥ **基本原則**：突出部分向內摺，將衣物變成長方形或正方形。
- ♥ **準備事項**：請爸爸媽媽騰出孩子置放衣物的固定位置，最好是下方的衣櫃，方便孩子自行整理，但是注意抽屜不要太深、太大，以免裝滿衣物時太重下墜壓傷孩子。市面上販售的各式塑

膠抽屜，就很適合做為幼小孩子的衣櫃。一方面輕巧易於搬動，還可視需要堆疊；再者材質輕，孩子玩鬧時碰撞較不易受傷，將來還可轉而收藏玩具、書籍等其他用品，可說是練習管理收拾自己衣物用品的適當起步。長方形或正方形等較深的抽屜適合放衣褲，較淺的抽屜則適合放襪子、手套、手帕等小物件。

📋 步驟說明

① 準備程序

1. 找一大片平坦的空間： 可以在床上，家中有和室的當然再適合不過，否則長沙發就很方便，先將洗好的衣服放在一邊。

2. 將衣物分類： 可分為上半身（如 T 恤、襯衫等）、下半身（長短褲、裙子等），以及小件（如內褲、襪子等）。以上為基本類，至於孩子的洋裝或冬天的大外套等則歸為其他類。

　　家中有大小朋友時，可以分工合作──小朋友負責分類，大朋友負責摺。

　　現在就開始摺囉！

② 先摺基本類

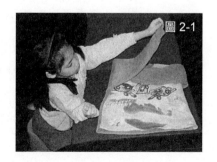

圖 2-1

1. 將突出的部分摺進去：讓衣物成為適合衣櫃形狀的長方形或正方形，因此可想而知，會先將上衣的袖

子往內摺（圖 2-1）。

2. 由長化短，將衣物對摺：上衣抓住下襬往上對摺（圖 2-2），
　短褲則將兩邊褲管貼合即可；長褲則可再將褲管對摺（圖
　2-3），將邊邊拉一拉會更平整喔！

3. 內褲、襪子等面積不大的衣
　物，可以直接平鋪疊好，放
　進抽屜（圖 2-4）。讓孩子
　練習找出相同的兩隻襪子疊
　平，就是很好的圖案形狀分
　類訓練。很多人習慣將襪子

捲成球狀，其實這個動作對年幼的孩子並不容易，同時，比
捲成球狀，將襪子平放較不易因彈性疲乏而變形喔！

4. 其他較大件或形狀不規則的衣物，可等到上述基本類的衣物
　摺完後再處理。洋裝或大外套等原則上最好掛起來，否則可
　先將袖子摺進去，對摺成為長條狀（圖 2-5）後，再摺成適
　合衣櫃形狀的正方形或長方形（圖 2-6）即可。

圖 2-5

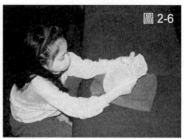

圖 2-6

5. 摺好的衣服依類別分好，再將每個人的衣物各歸為一疊，爸爸的一疊、媽媽的一疊……等。將一疊一疊的衣服放在每一個人的床頭，請大家自行收進自己的衣櫃中（圖2-7）！

圖 2-7

　　摺衣服與摺被子一樣，沒有危險性。相較之下，衣服小件多了，但相對地要摺比較多件。同樣地，最初仍須請爸媽帶著孩子練習幾次，前幾天可以先由爸媽「帶動唱」，在過程中加以調整不妥之處，待孩子熟悉程序後，便可請他們自行收拾，父母事後再稍加檢視。當然，鼓勵、讚美是一開始的強心劑——寶貝們會摺衣服當然是不得了的成就！千萬別雞蛋裡挑骨頭：「這裡不夠平，那裡沒對齊……」，否則就還是讓爸爸媽媽自己來吧！雖然這種摺衣服的方式不夠專業，但是只需要用到大肌肉的抓握，孩子就能夠輕易學會；至於百貨公司專櫃的「三分線」摺法，就

請饒了小朋友，等到他們大一點再說吧！同樣地，在孩子大了之後，較不正式的塑膠衣櫃可以換個堅固耐用的紅木衣櫃，塑膠櫃還可以用來裝玩具，一點也不浪費。配合孩子的成長，教導適合他們發展階段的動作，會讓孩子們更樂於接受及執行，願意就能長久，由此方能發展出日後孩子自理生活的能力。

一指神功暖呼呼

3

2 初寒

教完孩子摺衣物與被子，你是否開始引導孩子練習收拾自己的物品和整理家中環境了呢？家中有不同年齡孩子的父母們也許會發現，對於能夠「自己」做事，無法將衣服被子摺得方方正正的幼兒總是興沖沖地很有成就感，而動作技能發展較佳的年長孩子反倒是三分鐘熱度，過幾天就沒勁兒了。因此，同樣是鼓勵，方式可要有所不同：對於衣服摺完看起來仍是一團的幼兒，請多誇獎他的熱忱，同時指導他如何做得更好；而對於有一搭沒一搭的大孩子，則應設法獎勵他的持之以恆。至於一時心軟，放過一馬或抱持「還是大人做得又快又好」之想法的爸媽們，則只能向你一鞠躬，請您「鞠躬盡瘁，盡忠報國」地繼續為孩子們摺衣服和被子囉！

摺衣服和被子的目的是在訓練孩子大小肌肉的協調，不需要任何器材道具，因此基本上沒有什麼危險性。這次則要讓孩子學習操作家中的電器——別緊張，只要教導他們正確的操作步

驟，同樣不具任何危險性。我家孩子都是三歲就會，你家寶貝當然也沒問題，那就是——使用微波爐。雖然不像瓦斯爐有點火的危險，但微波爐也有微波外洩的疑慮，加上對微波林林總總的概念——從「微波會破壞食物中的有機體，使養分變成廢物」、「微波會穿透人體，破壞體內的細胞」等負面觀點，到「微波爐做菜清爽無油煙，方便又好用」、「微波熱菜快，能保持食物原色原味」的正面評價，在此皆不論其正反。如果真的對孩子操作微波爐不能放心，那麼就請略過本次的主題，不需勉強。如果爸媽們有興趣讓孩子在寒冷的冬天能自己微波一杯熱熱的鮮奶，或是將冰箱中現成的美食微波填飽肚子，那麼就請小小生活高手準備上場囉！

本次任務：使用微波爐

- ♥ 基本能力：認得數字即可。
- ♥ 基本原則：確實遵守操作程序與原則。
- ♥ 準備事項：確認微波爐的安全性，例如微波有無外洩現象（可請電器行來測試）、拉門能否緊密關閉、內部轉盤是否放在正確位置等，並請父母們準備適用於微波爐的碗盤杯具。

步驟說明

微波爐的基本操作程序：包括放入食品、時間設定、啟動。各個階段的詳細步驟如下。

① 放入食品

1. 將食品放入微波餐具中：微波爐必
須使用特定材質的餐具，基本上
金屬類的一定不能使用，塑膠的
則須看耐熱度，陶瓷製品也必須
看成分，最保險的就是使用有標
示微波專用的餐具。除了餐具，
含油脂的食品在加熱的過程中容
易產生油爆，一般會以保鮮膜覆
蓋，但為了避免孩子在撕取保鮮

圖 3-1

膜時受傷，爸媽們可以購買微波專用的餐盤蓋，將常用的餐
具放在特定的地方，方便孩子自行取用。有把手的餐具（像
馬克杯或有握柄的大碗）不只利於拿取，也可避免誤傷（圖
3-1）。

2. 將食品放在正確位置：為了讓食
物均勻受熱，微波爐內都會有一
個轉盤，先確認轉盤已正確放在
支架上，否則轉盤無法轉動。放
入食物時不要隨手亂放，應放在
轉盤中央，才能充分受熱（圖
3-2）。

圖 3-2

② 時間設定

1. 認識數字與觸控鍵盤：任何機
型的微波爐，都是以數字式的
觸控鍵操作，因此認識數字是
先決要件。非數字的英文等字

圖 3-3

鍵，可以數字或符號貼紙取代，方便孩子辨認。可讓孩子試
著按壓鍵盤，看看數字的對應顯示方式，如果按錯了，可以
按 reset 鍵消除（圖 3-3）。

2. 設定時間：微波爐的功能從簡單的加熱、解凍到較繁瑣的煮
食都能執行，這些與微波瓦數、時間設定等有關，而時間長
短則與食物份量和需要加熱的程度成正比。大一點的孩子可
以教他加熱剩菜剩飯或冷凍食品，但一般最常用的應該是加
熱鮮奶、豆漿等飲料。如何拿捏加熱時間？爸媽們可採用
「制約法」——以固定的杯子加熱，半杯熱幾秒，一杯熱幾
秒，幾次後孩子就出師了；或是以「比對法」，列出常用的
加熱秒數貼在微波爐邊。但基本上加熱時間寧短勿長，以免
加熱過頭讓孩子有燙到的可能。

③ 啟動

將食物放進微波爐，設定好時間，壓下啟動的 start 鍵，微
波爐就會開始加熱。這時要提醒孩子注意：

1. 別站在微波爐正前方等待。

2. 避免眼睛直視爐內燈光，等聽到加熱完發出的嗶聲再取出食物即可。由於使用微波爐加熱容易上冷下熱，可請孩子拿筷子攪一攪（圖3-4）。哇！溫暖無比，成功了（圖3-5）！

圖 3-4

圖 3-5

　　由家長示範到請孩子試做，之後檢討改進是每次都要提醒的程序，操作微波爐也是一樣。如果怕孩子忘了操作程序，可用 123 的數字貼紙貼在觸控面板上標明按鍵順序，一回生二回熟，當年我三歲的兒子很快就反過來教他奶奶如何使用微波爐呢！來日在寒冷的冬夜，爸媽們也可以享受到孩子為你熱一杯溫馨的親情之飲喔！

平平安安回家！ 4

① 高 平

經過前面幾次的練習，現在爸媽們不但不必每天皺起眉頭，看著亂糟糟的床舖和一大堆的衣服嘆氣，甚至早餐時，孩子還會用微波爐為爸媽熱一杯咖啡或牛奶喔（我講的不是夢話吧）！希望每篇短文都確實開發了你家小寶貝的潛能，讓爸媽能體會「家有小小生活高手」的喜悅。

週休二日實行之後，爸媽們想必會較常帶孩子到戶外走走，這時就可適時帶領孩子練習一下本次的主題。而如果孩子已經上學，每天要走路回家，那麼更可以趁現在就來學習——如何過馬路。

本次任務：過馬路

小學以下的孩子因腦部發展尚不足以正確判斷距離，故建議暫不練習。

- ♥ **基本能力**：小學以上，且必須認得紅、黃、綠三色。
- ♥ **基本原則**：觀前顧後，從容不迫。
- ♥ **準備事項**：請爸爸媽媽先就孩子經常進出的地方（如學校、安親班等）進行路線勘察。往往要到達一個定點可以有好幾條路，由大人先就各條路線的安全性、便利性等加以衡量，為孩子先過濾出最理想的行進方式，無形中也更周全地保護了孩子。在眾多路線中，怎樣決定哪一條路能讓孩子平平安安地回家呢？原則上不外是：

1. 往來車輛少、車速慢：一般而言，大馬路通常車子多、車速也快，因此就算會繞點路，也寧願教孩子走車子少、車速慢的小巷子。

2. 路邊有小店面、住家：如果能固定經過住家附近常去的小店，尤其是互相認識的店面、住家是最理想的，如此萬一有狀況較容易求救。但也毋需因此刻意穿過車水馬龍的大馬路，大店面不僅增加不當的誘惑，同時車潮較多，反而增加意外的可能。

3. 照明佳：幽暗的小路最易潛伏危機，選擇路燈明亮的街道更能確保安全。

4. 避免穿過太多馬路：過馬路通常是最容易產生意外的時候，因此寧可請孩子沿著騎樓繞一下，也不要為求走捷徑而貿然穿越馬路。如果非得過馬路不可，可選擇有紅綠燈或交通警察指揮的路口；此外，過單行道必然比過圓環或四線道大馬路更單純安全。

5. **結伴同行**：落單的孩子常令歹徒有機可乘。可請孩子與住附近的朋友結伴同行。但是記得告誡孩子，勿在馬路上嬉鬧，否則免除了落單的危險，卻相對增加了玩鬧時未注意路況的危險。

步驟說明

不必一次就將孩子帶到大馬路邊實習，由單行道到有紅綠燈的小路口，之後才到大馬路較能循序漸進、由簡入繁地建立孩子過馬路的基本認知。

1. 車少，沒有紅綠燈的單行道是練習過馬路的最佳起點，因為孩子只需注意一方的來車（圖4-1）。先向孩子說明單行道的意義，站在路邊

觀察車行的方向及車速，教孩子如何以車子和自己的距離判斷過馬路的時機。可以利用路邊的店面、招牌或路樹等定點為標記──「車子超過那棵樹時，距離太近很危險，就不可以過馬路了」。之後就帶著他穿越一次，過到對面後，請孩子自己做判斷，看著他過一次馬路，可提醒孩子修正初次過馬路常見的現象：「不要站到路中間看車子，要退到路邊。」「從容地走過去，緊張地突然衝出來反而會更危險！」毋需刻意讓孩子來來回回過好幾次，悠閒地走一段路

之後再隨機看著他過到對面，反而能消除孩子緊張的情緒，
表現出真實情況中的自然反應。

2. 有紅綠燈的小路口是練習過馬路的
下一站。教孩子看燈號是必然的程
序：「紅燈停，綠燈行」，那麼黃燈
呢？常見到闖黃燈的車輛，因此請
孩子寧願等到綠燈亮時再前進。綠
燈開始閃時表示即將轉為紅燈，最
好停下來等下一次燈號。現在有些
號誌燈會顯示剩餘秒數（圖4-2），

那麼就要仔細評估孩子需要幾秒才能過到對面，否則被卡在
路中間更危險。此外，過紅綠燈時仍須注意轉彎的車輛，如
果沒把握，則最好等旁邊的大人前進時一起跟進。

3. 二線道以上的大馬路通
常車潮流量大，速度也
較快（圖4-3），應避免
中年級以下兒童單獨穿
越。較大的孩子也應嚴
加告誡上述的要點，且

一定要在有紅綠燈的路口過馬路，不可逞一時之快。

♥ 注意事項：馬路如虎口，無論對大人、小孩而言，穿越馬路都
必須小心為上。因此提醒爸媽下列注意事項：

1. 以孩子的個性氣質決定進度。對於好動、無法專心的孩子，

寧願多等待些時日。

2. 爸媽們一定要先做好事前的勘察，帶孩子走一條最穩當安全的路，尤其要要求年幼的孩子，不要自行探索其他不熟悉的路線。

3. 伺機觀察孩子的穩定度，例如放學時在路口看著他如何過馬路，或是看著他到對面郵筒寄個信再過街回來。

4. 必須經過一段時間的試行，確認孩子能夠從容執行後，才能讓他真正上路。準備暑假過後孩子上學時會自己過馬路，那麼就應儘快開始逐步訓練，但初期應偶一為之，非必要時仍儘量避免。例如爸爸今天要開會，無法去接孩子，才請他放學時自己過馬路到對面的辦公室。如果必須是常態性的，那麼一定要連續觀察，情況穩定後，仍須偶爾抽查。當初兒子小一寒假到學校上課，沒有路口的導護，雖然我看著他自己過馬路，幾天後就讓他自行進出，但還是會不定期地算準他下課時，偷偷在路邊觀察他如何過馬路。

也許爸媽們主張避免孩子進行此項危險任務，但隨著孩子上學之後，他的世界將愈來愈遼闊，雖然許多父母仍儘可能呵護備至地接進送出，但這畢竟不是長久之計。有備無患地教孩子過馬路的原則與注意事項，讓孩子不會惶惑不知所以，之後更能夠從容邁開穩健的步伐，邁向馬路的另一頭。「知其所以反能化險為夷」，就讓孩子能正確地跨出第一步，為日後的安全打下穩固的基石！

玩具乾淨，玩得放心 5

① 初暑

隨著天氣日漸溫暖，家長除了多帶孩子到戶外走走，在玩的型態上也會轉為動態。而炎炎夏日中，玩什麼最好？大家八成會有志一同地說：「玩水最好！」既然如此，就順便讓孩子又能玩水，又能玩得有成就感；這次，就要請小小生活高手來「洗玩具」！

🏠 本次任務：洗玩具

- ♥ 基本能力：能手握刷子即可。
- ♥ 基本原則：洗得乾淨，玩得盡興。
- ♥ 準備事項

1. **與孩子共同整理玩具**：先過濾出需要清洗的玩具，爸媽可與孩子一起把玩具清理一次，也趁此機會將玩具做個總整理。先清出損壞或不要的玩具，前者可以回收，後者則可送給適當的個人或單位。其次，將留存的玩具中，需要清洗的玩具

集中放在大洗衣籃或大塑膠袋中，其餘的則依類別放回適當
的收藏位置，如櫃子、抽屜或箱子等。

2. **為孩子準備清洗用具：** 如洗衣粉、大小臉盆、有握柄的刷
子、小牙刷、濾水盆或漏網（洗菜用的網籃或撈麵的濾勺
即可）、塑膠小板凳等，需要清洗的玩具數量較多時，可多
備個小水桶。若幾個孩子要一起操作，最好先分配好執行順
序，年齡相近的孩子則最好每個人都有刷子，否則洗不了多
久一定就要吵架了。

步驟說明

① 將待洗玩具分類

爸媽要先向孩子說明，並不是所有的玩具都能洗，不同性質
的玩具清洗方式也不同。會因泡水而損壞的物件（像紙製品等）
當然不在待洗清單中；此外，除非能分開或拆下，否則有電路線
板或以電池操作的玩具，都無法整個泡到水裡清洗，頂多只能以
溼布擦拭，例如裝電池後會走會叫的小狗、小貓或玩具火車等。
至於大部分塑膠類玩具（像樂高等）都能夠也需要定時的清洗。
絨毛玩具平時可以丟到洗衣機中與衣物一起清洗，孩子偶爾想親
自幫它們洗澡，或是怕被洗衣機洗壞了，就另外放成一堆。

② 將分類好的玩具搬到浴室或院子

家中如有接水、排水良好的院子當然很理想，但最好有遮蔭
的棚子或樹木，否則孩子熱昏頭之後落荒而逃，可能就得由爸媽

來收拾善後了。至於一般的公寓住家，浴室就是可想而知的不二選擇。尤其如果有浴缸，將所有的工具和待洗的玩具放進去，再擺張小塑膠椅讓孩子盡情揮灑，就能既安全又不用擔心他生意做太大，讓全家都不能上廁所囉！

③ 換上輕便衣著

洗玩具當然可預期的是衣服會濕答答的，但是也不必像洗澡般的一絲不掛，穿著短褲、背心就很適合。女孩子的長頭髮最好能綁起來，手上的飾品也應取下。

④ 分配工作

想到可以玩水，一開始孩子們一定迫不及待地躍躍欲試，可能不只一個孩子對每件事都想嘗試——洗、刷、沖、撈……。這時就有待英明的父母來分配，可以讓大家輪流做每件工作，或是甲洗乙沖……；通常前者會讓孩子覺得較公平，而實際上除非是特殊狀況，例如太小的孩子因為不會控制水的流量及方向而導致水亂噴等，否則讓孩子充分嘗試也是很好的經驗。

⑤ 說明及示範清洗流程

依照不同的材質及髒污程度一類一類分開洗。先處理像絨毛玩具等需浸泡的項目：加一點洗衣粉在小水桶中，沖水攪拌起泡後放進去（這個程序最好有大人在旁監督，否則洗衣粉攪和出來的泡泡通常都夠洗三輛車），充分浸溼後用手抓一抓，讓污垢能

釋放出來。除了會褪色的玩具外，其餘的都可以泡個十五分鐘左右，在這段等待期間就可以清洗其他項目。

　　塑膠類如樂高玩具等有細小縫隙者容易堆積灰塵，可集中放在臉盆內，以蓮蓬頭水柱噴一噴，之後挑出仍有污垢附著者，以小臉盆泡些肥皂水，用刷子及小牙刷沾取，將污垢刷除後再沖水即可，其他玩具也可依此程序處理（圖5-1）。之後再回來處理先前浸泡的玩具，以雙手輕輕搓揉後，再倒掉髒的肥皂水。如果是會吸水的（如絨毛玩具等）可放在洗菜的網籃中，用手擠掉吸入的髒水，然後在洗臉台以慢速流水用雙手反覆搓洗，直到水流變得清澈即可（圖5-2）。

圖5-1

圖5-2

⑥ 晾晒

　　洗完的玩具依材質可放在室外晾晒或在室內陰乾。但在大太陽下只能短時間曝晒，否則塑膠的容易變形，木頭的像是積木等會龜裂，絨毛玩具則容易褪色。但若通通晾在室內，攤開來一大片可能大家都無路可走，因此洗的時機就很重要。陰冷或下雨天

玩具乾淨，玩得放心

當然不適合，一方面無法晾晒，一方面孩子容易感冒；豔陽天玩水當然很理想，但可別奢望孩子會乖乖地洗上好幾個小時，要嘛一下子就變成純玩水，忘了原來的任務，要嘛沒兩下就玩膩了，要退場。因此即使有許多玩具該洗，最好一陣子洗一次，每次洗一種。

午餐後的休息時間是最好的時機，一來中午正熱，玩水最好，再者洗上一個多小時後，孩子就差不多沒勁了，就此沖個澡睡個午覺，而這時的陽光也不致於將玩具晒壞了。到了晚上睡前將已經晒乾的玩具收好，沒有乾透的，明天中午前的陽光一定能晒乾。

看了以上一大篇，爸媽可能會咋舌：「洗玩具也這麼麻煩？」的確，如果加上在洗的過程中你們在一旁叨唸：「怎麼洗了還髒兮兮的？」「把浴室弄得亂七八糟！」「還不快洗，還在玩！」……那麼這件苦差事必定只有一回而沒有下次了。其實爸媽們只要在開始時當個指導員，之後偶爾當個觀察員，最好還跳下去當個球員，與孩子一起玩個痛快、洗個乾淨，那麼洗玩具除了寓教於樂，孩子在過程中也會學習愛惜玩具及為自己的東西負責，日後也將是親子回憶中很「水」的一頁喔！

你煮我收小幫手

6

ㄋ 中 平

隨著本書內容的介紹，除了讓孩子學習處理自己的事物（像摺被子、洗玩具等）之外，也希望養成孩子主動幫忙和關照家人的習慣，因此摺完自己的衣服時，會順手把爸媽的衣服摺好，用微波爐熱鮮奶時，也會想到順便幫妹妹熱一杯……，如此一來，不只家中變得井然有序，而且爸媽必定會很欣慰多了個貼心的小幫手。這回小小生活高手又要出新招囉，爸爸媽媽們請拭目以待！

本次任務：整理／收拾餐桌碗筷

- ♥ **基本能力**：能以雙手拿穩東西行走即可。
- ♥ **基本原則**：衛生、乾淨、整潔、安全。
- ♥ **準備事項**：吃飯睡覺是每天例行的內容，但隨著職業婦女的增加，家中不見得每天都會開伙，有時也可能外食或就近買些東西回家一起享用。而就算在家用餐，也不見得是大家規規矩矩

地坐在餐桌前，現在許多家庭常吃的可是電視餐喔（就是坐在電視機前邊看邊吃）！同樣地還可能有電腦餐、影碟餐等，我們認為有礙健康的高科技用餐方式。為了因應這些用餐型態的改變，對於整理與收拾餐桌碗筷，我們也配合延伸範圍，泛指一起用餐的某個桌面。因此在前置準備方面，就要請爸爸媽媽先將桌面騰出至少可以放置餐具的空間，這樣小小生活高手才能發揮嘛！

步驟說明

① 餐前幫忙整理餐桌

餐前的整理主要是在**桌面的清潔及餐具的安放**。能在正式的餐桌上用餐當然最好，這時可以鋪條桌巾，將餐具整齊地擺在餐墊上，甚至放一瓶插得美美的花……，哇，好像連續劇裡的畫面喔！可惜現實中的家庭桌上鋪的比較可能是報紙，方便用餐完一起丟掉，至於餐墊和花瓶……就省省吧！但無論是什麼樣的餐桌，還是可以請孩子幫忙清潔桌面和安放餐具。談到清潔桌面，多半會想到用抹布擦，但是經由媒體的報導，現在大家應該知道，不乾淨的抹布其實是更大的污染源，因此我自己家中都先用乾淨的衛生紙把桌面的灰塵碎屑掃進垃圾桶，再用溼紙巾或乾淨的抹布擦一次，如果習慣鋪報紙，鋪之前最好還是能將桌面清理一下。

至於餐具的擺放，由中式的筷子到西式的刀叉等，配合食物的種類可做不同的安排。為了避免孩子由碗櫃中拿取餐具時有

可能掉落的危險，建議由父母或較大的孩子依人數拿齊所有的數量，再請小朋友擺放到桌上。餐具基本上會依座位各放一份，家中成員有固定使用的餐具時（像我們家是依顏色區別的），則可以依個人座位貼心放置。除了個別的餐具，共同使用的像衛生紙、大湯勺或醬油等調味料，以及放湯的隔熱墊等，則以放在桌面中央或是無人坐的位置為原則。如果家中有多個小孩，記住要平均分配任務，因為對孩子而言，擺放餐具就像玩家家酒，每個孩子都愛，因此可以請哥哥擺碗、妹妹放筷子……，這樣才能皆大歡喜喔！

② 餐後收拾整理

餐後的收拾整理不外殘羹剩菜的處理、碗筷的收拾及桌面的清理。

1. 殘羹剩菜的處理：殘羹剩菜包括要丟棄的及要保存的兩種。要保存的剩菜可依數量決定是否移置較小的容器，或以原來的容器保存，記得蓋上蓋子或包上保鮮膜，再儘快放進冰箱保存。至於要丟棄的殘羹，則要請爸媽先將溼的廚餘濾掉湯汁，再分成堆肥或養豬廚餘兩種。骨頭、魚刺或貝類的殼等是堆肥廚餘，可裝成一袋；無骨無刺的菜、肉類等則另外打包成養豬廚餘，這些記得要配合環保回收車的時間拿出去，讓垃圾減量喔！如果家中有廚餘桶，則可將無油水的部分（如果皮等）製造有機肥，不但垃圾減量，而且更環保喔！菜汁和剩餘的調味料等則可以倒在一起，浮油最好能以湯匙

撈除再用紙吸除丟棄。湯汁倒進下水道時，建議開熱水沖一陣子，以免堵塞水管及產生異味喔！

2. **碗筷的收拾**：在碗筷的收拾方面，*以大套小，化整為零*是基本原則——小碗放在大碗上面，大碗再放到盤子上面（圖6-1）。如果有湯鍋或大碗，則可以將碗盤及零碎的湯匙筷子等放到裡面。碰上碗盤太過油膩時，試試這樣的小妙方：利用大家餐後擦嘴的衛生紙將油漬抹淨，如此除了可避免收碗盤時滑手，之後清洗時也會容易許多喔（圖6-2）！碰上碗盤較多時，不必勉強將所有的碗盤疊成一落，太高了容易傾倒，也會因太重而不易端到水槽。這時可將碗盤分成幾疊，基本上一疊以五個為上限，太多碗時可以拿個大鍋或是網籃全部放進去較安全（圖6-3）。碗盤疊放的方式會因使用的數量、形式

圖 6-1

圖 6-2

圖 6-3

而有不同的組合，爸媽可以先示範幾次，再看著孩子收幾次，讓孩子充分領會其中的原則。如果孩子年紀太小，請他幫忙把一個一個的碗拿給爸媽收拾即可，有不同年齡的孩子時，當然最後端到水槽的程序一定要請大孩子執行，總之安全為上，可別因小失大喔！

3. **桌面的清理：** 收拾完廚餘和碗盤，最後就是桌面的清理了，有油漬髒污的部分（像衛生紙、報紙等）收拾丟棄，但像外帶回家的保麗龍盒、紙盒、塑膠袋、飲料杯等則應清理回收（圖6-4），而像餐墊、隔熱墊等則應擦乾淨後再放回原處。在清理桌面時，同樣地可以用衛生紙

圖 6-4

圖 6-5

先將桌上可能還有的油漬擦乾淨，再用溼紙巾或抹布擦乾淨，就能恢復原來乾淨清爽的桌面了（圖6-5）。而為了確保衛生，可以隔一陣子以稀釋的漂白水刷洗桌面一次，但由於漂白水的使用須特別留意，因此這部分務必請爸爸媽媽親自操作，以免危險。

你煮我收小幫手

　　看了以上繁瑣的長篇大論，爸媽們可能寧可大事化小，小事化無——大不了到外面吃，大人小孩什麼都不用做，只要付錢了事。但是民以食為天，在飽餐一頓美食之後留下滿桌垃圾沒人收，爸媽們豈不更倒盡胃口？因此寧可在平時累積孩子的生活自理能力，全家一起來，就可快快樂樂地享用一頓整潔、衛生又營養的歡樂大餐！

買東買西 買東西 7

1 中暑

漫長的暑假又到了，每年這個時候總是孩子樂透、父母煩透！記得兒子小學時期，每年四、五月間我就會開始蒐集暑期活動的資訊，以便在六月訂定兒子的暑期行程（有些活動晚了可就報不上名了）。早上到學校，下午要嘛打籃球要嘛游泳，偶爾還有一些三、兩天的特別活動，例如露營、郊遊等。無論是在安親班、待在家裡或是參加活動，通常孩子在暑假期間基本的開銷都會比平時來得大。除此之外，孩子平日自己買東買西的機會也不少，如何讓孩子買得開心，父母也能放心？——照過來照過來，且看這回的小小生活高手吧！

🏛 本次任務：買東西

- ♥ 基本能力：能做簡單的數字加減。
- ♥ 基本原則：仔細篩選，精打細算。

買東買西買東西

♥ 準備事項

1. 評估選擇適合的商家：能買東西的地方很多，依據購物的方便性，固定地點的室內購物場所是讓孩子學習購物較好的出發點。至於像市場或攤販等價格不穩定的場所，則不妨等孩子累積一段時間的購物經驗後再延伸會更有把握。當然就算是室內的賣場，爸媽們也不可能每個地方都帶孩子去繞場一周。基本上以靠近孩子常去的地點（像住家、學校或安親班附近）為主，就其周邊的商家，以路況安全性高、物美價廉為原則，各挑個兩、三家即可。至於物品種類的多寡，雖說東西愈多，對大人而言可能是選擇愈多，但對孩子來說，卻可能是誘惑愈多，因此與其讓年幼的孩子到像超市等應有盡有的商家，還不如針對其需求，選擇特定的小店即可，像買文具可到文具店，買飲料食物則到便利商店。還記得兒子二年級時，我請他去巷口超市買把蔥，估算路程通常十五分鐘就夠了，但過了二十多分鐘都還沒進門，正當我要出去查看時，他回來了，還不待我開口他就先抱怨：「妳都沒告訴我蔥放在哪裡，害我找了好久！」——原來如此！！所以就買東西的訓練而言，不盡然東西愈多、商家愈大愈好，對低年級的孩子而言，巷口的便利商店雖小，但也應有盡有，可以先由此出發，到了中高年級再擴展到超市等大型賣場吧！

2. 熟悉賣場環境：帶孩子去之前，爸爸媽媽務必自己先出馬，到現場看看貨物的陳列擺設、結帳的流程動線等，才能指引孩子如何明智且有效率地購物。

步驟說明

熟悉購物環境與程序，是帶領孩子買東西最重要的內容。

① 購物環境

主要是指商店內部的貨物陳設，但也不需要逐排帶孩子看到眼花撩亂，只要針對孩子常有的需求項目，像飲料、點心、文具等，熟悉對應的貨架，至於像玩具、漫畫等貨架，就算你沒帶他去——放心！孩子還是一定會找到的。

② 購物程序

購物程序不外尋找→選擇→結帳。平時帶孩子購物時，就是很好的實習機會：告訴孩子要買的項目，請他帶你到對應的貨架，再就架上琳瑯滿目的諸多貨品，問他要如何選擇。如果是飲料食品，教孩子如何找到，並看懂食品的製造日期與保存期限——這不但是選購食品的基本常識，同時更能保障健康與安全（圖7-1）。而對於中高年級的較大孩子，

圖 7-1

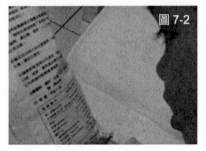

圖 7-2

則可以進一步教他們看看成分標示，同樣是果汁，有的是濃縮還原的，有的是鮮果汁，有的則不過是糖水加上色素及化學調味料罷了，花同樣的錢，你要選哪一種呢（圖 7-2）？

　　至於文具或日用品等，孩子一般會以外在的花色、包裝等做選擇，先別急著責備，無妨讓他試買一、兩次自己喜歡的，然後有一、兩次輪到爸媽代為選擇，再就價格、品質、耐用度等做比較，由中看不中用、中用不好看的各種經驗中，讓孩子自己協調出中看與中用的平衡點——適時的機會教育，更可收事半功倍之效喔！

　　購物的最後一道步驟就是結帳，雖然現在賣場的電腦結帳多半不容易出錯，但是讓孩子趁機學學數字的加減，不僅是活生生的數學應用題，更會讓孩子很有成就感喔！但是要如何不用正經八百的方式，而能讓孩子在平日練習簡單的數字加減呢？其實孩子會自己買東西的總額一般不會太高，通常總在一百元以內，甚至對年幼的孩子而言，頂多買個飲料麵包，二、三十元就夠了，這時玩撲克牌就不失為寓教於樂的好方法。玩玩撿紅點吧！兩張牌要湊成十喔！女兒五歲時，我與兒子就常與她玩撲克牌，幾次之後她對十的幾種可能組合方式，就絕對不會出錯，再進而推展到五十以內的加減，通常就很容易進階。這時可換成玩玩扮家家酒的買東西，每樣東西的定價都在十元以內，每個人輪流當老闆與顧客，每次買兩、三樣東西，練習算帳找錢，由遊戲中演練，到了真實情境就不容易出錯了，爸爸媽媽不妨試試看喔！

　　雖然在家演練了許久，如果沒有實地執行，還是僅止於紙上談兵，因此可以由簡入繁，逐步練習。當年兒子四、五歲時，便是先由到樓下雜貨店買報紙進展到巷口的便利商店，再繼續遠征到更遠的超市，而買的項目也由一項、兩項陸續增加，當然，對購物流程與物品選購，他也漸漸發展出獨到的心得呢！對於你家的小寶貝，知而言不如起而行，有了事前充分的準備，當孩子真正自己買完東西的那一刻，看著他眼中閃動的興奮光芒，你一定能確知，小小生活高手又完成一項大任務囉！

我煮的飯香噴噴！

8

2 中平

工商業社會的時代，職業婦女的媽媽比例日漸增加，往往工作一整天後趕著回家煮晚餐，之後還得上「夜班」：看孩子功課，提醒他們第二天該帶的東西、該做的事，時間到了催他們上床……要孩子幫忙做家事？──別傻了，怎麼可能？──如果爸媽們還是包容孩子們只要念書就好，那可就剝奪了他們另一項更重要的學習與成長的機會。更何況有些家事對他們而言，其實並不是負擔，就像小時候我家姊妹要輪流當值日生，負責收拾餐桌、洗碗、燒開水、摺衣服等，而我總是將洗碗當成念書念累了時的調劑：出來伸伸腿、玩玩水，再回到書桌時瞌睡蟲都跑了，又是一條龍。當然一開始我們不必來個太難的，來日方長，放長線釣大魚，先教孩子做吃的一定有吸引力，而且還得天天吃喔……是的，這次我們要邀請小小生活高手來煮鍋香噴噴的飯！

拜現代科技之賜，煮飯不必再砍柴生火起大灶，電鍋不知造福了多少家庭主婦：只要輕輕鬆鬆地伸出纖纖玉指，按下開關，

不一會兒打開鍋蓋……哇，一鍋香噴噴的飯就煮好了！雖然聽起來像童話故事般簡單，但沒好好演練一番，電鍋可也會煮出一鍋難以下嚥的飯。只要掌握幾項原則，上小學的新鮮人或甚至是幼稚園的小朋友，都能成為爸媽的好幫手，煮出一鍋要你好看又好吃的飯喔！

🍚 本次任務：用電鍋煮飯

- ♥ 基本能力：能雙手端好半盆水行走而不灑出即可。
- ♥ 基本原則：謹慎小心，適度適量。
- ♥ 準備事項：操作電器，安全是第一考量，因此請爸媽務必先確定家中電鍋線路的安全性。至於正確操作方式，如果家中向來是外婆煮飯，今天要平日不下廚的媽媽來教，可能就會有將電鍋當成電子鍋、外鍋忘了放水的弄巧成拙呢！此外，有些資深媽媽已經修煉到凡事憑經驗和感覺，像是炒菜加多少鹽、煮飯加多少水啦，媽媽都是瞄一眼就了然，但是小朋友需要確切的數量當依據，因此像幾杯米放幾杯水等，請爸媽們務必給予明確的指示。

📖 步驟說明

用電鍋煮飯不外量米、洗米和炊煮。

① 量米

量米因為有量米杯，通常較沒有問題，記得提醒孩子「一

杯米」應該是與杯口齊，而不是滿出來或只有八分滿，正確地量才能與電鍋設定好的水量搭配，煮出好吃的飯。而小朋友在量米時，常會量著量著就玩起米來了，要嘛撒得到處都是，要嘛把米搓得細細碎碎還黑污污的，保證爸媽看了要昏倒。當然愛玩是孩子的天性，他們會樂於來洗米煮飯一開始八成也是基於好玩的心態（當然如果後來變成他的任務時，就一點也不好玩了），因此別急於責備孩子，否則嘟起的嘴巴就算沒有說出口，心裡一定嘀咕著：那你自己煮吧！只要提醒孩子米是要煮成飯來吃的，髒了就不能吃，細細碎碎就沒營養，而撒滿地則會暴殄天物，孩子就算一時還是忍不住手癢，但玩米的現象一定會慢慢改善。

② 洗米

　　舊時代的洗米就像洗衣服一樣，總得左搓搓右揉揉才覺得把米洗乾淨了。但現在則強調不要用力搓洗，否則容易將最營養的胚芽和外層洗掉，白吃一鍋沒營養的飯。除了洗米的方法之外，最容易出問題的環節在換水時，隨著水一次一次地換，洗的米也愈來愈少——都流掉啦！而且如果小朋友忘了洗手，嗯……摸蛤兼洗褲，洗米兼洗手，煮出來的飯都會加胡椒粉喔！在此就請爸媽給小朋友兩件法寶：一支飯勺和一支專用的乾淨細孔濾勺或撈網，就可以輕鬆解決洗米的問題了！拿一個廣口有點深度的鍋，請孩子將量好的米倒進去，再加進大約米量一倍半的水（淹過米約半公分即可），接著拿起飯勺，輕輕地順向轉幾圈，不需要將

手伸進去攪和，就可以將米洗好喔（圖8-1）！由於現在品管提升，市面上賣的米都不會髒，有的還標榜不必洗就能煮呢！以飯勺繞圈洗米，一方面可避免孩子忘了洗手，而且絕不會洗不乾淨。洗完一道要換水，請爸媽放一個接水盆在水槽中，將細孔濾勺或撈網架在上面，讓孩子將洗米的鍋放在水槽邊緣，把鍋傾斜（不必舉起，加了水的鍋可能太重），由上而下對著接水盆慢慢將洗米水倒進去（圖8-2），這時米必然隨著水流漏出——放心，都留在濾勺上啦！再倒回洗米鍋就好了（圖8-3）。就這樣頂多洗三道水就可以了，留下的洗米水在飯後用來洗餐具，去油膩又護手，是天然的洗碗精，很環保喔（圖8-4）！

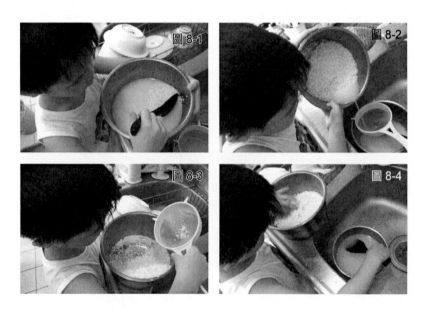

圖 8-1

圖 8-2

圖 8-3

圖 8-4

③ 炊煮

同樣是電鍋，傳統的電鍋和電子鍋可不一樣，外鍋加不加水是基本的區別。電子鍋只有內鍋，在內緣會有刻度做為水量的標準，煮飯時以煮一杯米加一杯水為原則，如果像我家會加糙米或五穀米，則水量要增加，煮稀飯則需要更多的水，此外有人喜歡飯乾一點或軟一點，米與水量的比例就會不同。爸媽最好讓孩子從固定的量開始做起，像兩杯米就加水加到第二條線平，不要今天煮三杯米，明天煮一杯；這次水放到線下面，下次又說飯太硬，將水加到線上面……這些花樣都留到孩子煮得很順手了再說，好嗎?! 至於傳統電鍋，則除了內鍋還有外鍋，內外鍋都要放水，因此要更明確地告訴孩子對照的比例。如果怕孩子忘了，可以在電鍋外面貼一張表，以免萬一出錯，那全家可就食不下嚥了。

好啦，一切就緒，就讓孩子伸出有魔法的手指，按下神奇電鍋的開關……（圖 8-5）「恰」的一聲，飯煮好了，不要急著打開，燜個五分鐘，飯會更好吃。掀開鍋蓋時更要特

圖 8-5

別小心，冒出來的蒸汽可是會燙傷手的。現在，各位準備好了嗎？一二三……哇，香噴噴的飯──「是我煮的耶！」既驕傲又欣喜的小寶貝，今天一定會多吃一碗喔！

逍遙公車任我行

9

1 高平

也許是現代家庭子女生養得少，父母總是無法放心地讓他們自由進出，許多孩子都是校內一條龍，出了校園就變成是一條蟲，總要有人接送。不只許多小學高年級生仍需父母忠實守候地接進送出，家中附近知名的國中補習班，每到下課時間，外面總是人滿為患，也是一群痴心父母等著接一個個長得比他們高大的孩子回家呢！相較之下，我家兒子小學一年級寒假就自己搭公車去上籃球營，三年級還轉一趟車去上科學營——應該說是兒子膽大，還是我這個媽太妄為呢？其實，既然公車是大眾交通工具，身為小市民的我們理當充分運用，否則君不見每天塞在校門口，接送孩子上下學的私家轎車往往令交通癱瘓。加上如台北市有了公車專用道和捷運之後，開車還不如坐公車、捷運來得快哪！而孩子在我平日搭公車、火車、捷運甚至飛機的帶領之下，從元宵節的平溪山谷裡放天燈，到石門白沙灣的國際風箏節、大湖的採草莓，樣樣玩得不亦樂乎。耳濡目染之下，在國外

開慣車子的老公也會隨我們搭搭公車，省去找停車位的煩躁和拖吊開罰單的擔心，還可以節能省碳喔！所以，何不讓辛苦的車子放個假，大家一起來趟公車之旅！

本次任務：搭公車

- ♥ **基本能力**：一定要認得數字，認識國字尤佳。
- ♥ **基本原則**：耳聰目明，機警變通。
- ♥ **準備事項**：公車通常以數字標示不同的路線，因此請父母務必確認孩子除了認得，還能清楚區辨數字。同時，公車不像計程車，可以隨招隨停，所以必須引導孩子到固定的候車地點。除此之外，到達特定地點的公車往往不只一線，有的搭兩站就到，有的可會兜一大圈繞昏頭，爸媽也要多花點心，事先了解評估喔！舉我的實際經驗為例，我們在兒子快三歲時搬了家，但還是帶去原來的褓姆家，由於有一段距離，因此每天都會帶他搭公車。由此兒子除了學會認數字、認字，還知道常搭的公車路線，至於上下車的程序和注意事項，也早在每天來來去去之間習以為常。雖然有如此紮實的職前訓練，到了他小一寒假要自己搭車時，當媽的我還是慎重地展開事前規劃和調查。當時兒子要去參加籃球營，地點位在兩個公車站之間，但是我要求他一定要在後一站下，為什麼？因為前一站是一個車潮洶湧的大十字路口，必須過兩次八線道大馬路，而後一站則已過了十字路口，只要過一次雙線道的馬路就好，你說哪邊安全呢？

下了車後到達定點有不同的走法，我也一一先行試走，加以評估。所以並不是丟張公車票給孩子他就會搭公車，父母事前多一分準備，就能確保孩子執行時的安全和便捷。

📋 步驟說明

搭公車不外等車、上車和下車。

① 等車

主要包括確認等車地點和要搭乘的路線。最保險的做法便是到了公車站之後，先看看有沒有要搭乘路線的車牌，尤其是第一次搭乘時。如果這一站有許多路線的公車經過，請孩子站在要搭乘路線的站牌附近，以免公車來時，跑前跑後很危險，或甚至有些公車會因此不停。除此之外，一般候車處都在人行道上，提醒孩子在

圖 9-1

車子來之前千萬**不可以跑下人行道**，站到馬路中間去看車子來了沒有。而孩子有時難免會與同學朋友一起等車，這時切記提醒不要打打鬧鬧或追來追去，以免發生危險或誤了車班（圖 9-1）。

② 上車

　　車來了，記得看清楚車號才上喔！碰上上班上學時間時，大家難免蜂擁而上，這時個頭小的孩子就很吃虧，通常會被擠在後面，如果不能全身而上，請孩子寧願等下一班而不要硬擠。實際上，除非萬不得已，建議爸媽最好能看著孩子上車，一方面確認孩子安全上了車，一方面孩子會因有你的陪伴而心情愉快地開始一天的學習，一舉兩得喔！上了車之後，如果有位子，除非馬上就要下車，否則請孩子儘可能坐下來，如果沒有位子，最要緊的是一定要抓穩把手。雖然現在規定公車要有一定的速限，但像緊急煞車、轉彎等在所難免，因此通車的孩子最好能以後背的背包，將所有的東西收在裡面，儘量避免手提，以便空出雙手抓握吊環或把手。一般而言，固定式的把手會比搖來晃去的吊環來得安全（圖9-2），可是小朋友通常很喜歡以拉吊環來滿足「你看，我拉得到！」的成就感，因此會捨把手而就吊環。有時則因為沒有空出的手可以抓握，或是小朋友愛耍帥，就乾脆不拉吊環或把手，身為公車族的我就常看到這樣的小小人肉炸彈，在車廂裡橫衝直撞，險象環生。所以請爸媽們

圖9-2

一定要強調抓握把手的重要性，讓孩子養成搭乘公車時必要的好習慣。

③ 下車

　　要下車了，記得準備好車票或銅板，開始往前移動。爸媽們最好告訴孩子前一站的站名，請他那時就要準備好，而不要到站了才匆忙往前衝，或甚至坐過了站。將東西收拾

圖 9-3

好，先將車票或零錢放進身上的小口袋（圖 9-3），除了可避免半路上掉了，同時得以空出雙手，採左右交替接力前進的方式，扶搭坐位的把手，前進到投幣箱處，將車資投入。最好能利用公車停下的空檔前進，可避免行進時車身晃動的危險，或是利用停靠前一站時即起身往前移動。下車時記得先探個頭，看看後方有沒有來車，可別像小青蛙一樣，撲通撲通就跳下去喔！

　　雖然以上簡要敘述了搭公車的過程，但並不是鼓勵孩子從此要單獨四處去。實際上，年紀愈小的孩子單獨搭公車愈應以必要、短程為原則，亦即非不得已不為之，搭乘也以短距離為主。但隨著孩子年紀漸漸增長，活動範圍愈來愈大，何妨趁早教導孩子利用搭公車這項便宜、方便又安全的交通工具，讓他體會公車任我行的逍遙呢！

洗洗刷刷過新年 ⑩

了 初 平

提到寒暑假，如何安排孩子的活動，該是讓父母最頭痛的功課了，其實在寒假中，「過年」這項現成的大活動，正可以讓爸媽們善加利用。但是——「過年孩子能幫什麼忙，還不就是等著領紅包？」「幫忙？不要愈幫愈忙就好囉！」許多家庭的年，便在家長的這種心態下，落得大人抱怨忙得要命，小孩卻抱怨無聊得發慌，真的是年年難過年年過。隨著時代演變，許多人常慨嘆年味兒一年不如一年，但是只要父母多用點心，讓孩子充分參與體驗過年的各種年俗，就能讓全家對過年有一番全新的感受。因此除了年夜飯無法下廚煮以外，像辦年貨、大掃除等，其實孩子都可以參一腳。而剛放寒假時，爸媽們還得忙上班，離過年也還有一段時間，這時最適合安排過年的熱身運動——大掃除！就讓全家一起來除舊布新，讓家裡煥然一新，希望來年大家都能有一番新局面喔！

🍞 本次任務：大掃除

💛 基本能力：能手握毛巾、牙刷即可。

💛 基本原則：各司其職，合作無間。

💛 準備事項

1. **清掃工具及清潔用品的準備與使用說明：** 大掃除當然要準備清掃工具和清潔用品了。無論是家中現有的，或是新添購的，最好都集中管理。一方面避免物到用時找不到，也可避免打翻或誤食清潔用品。此外，像榔頭、電鑽等須小心操作的工具，也應避免孩子隨便拿取；大掃除固然以清潔為目的，安全也很重要喔！除了清掃工具和清潔用品，準備幾個大垃圾袋和紙箱也是必要的。記得在外面貼上標示，將可用或要回收的資源與要丟棄的垃圾分開，這樣能讓大掃除的工作進行得更有效率。此外，對於清掃工具與清潔用品的使用，最好能先行說明。現代的孩子多半茶來張口、飯來伸手，不要痴心妄想丟支掃把給孩子，他就會把地掃得乾乾淨淨。兒子頭一次在家掃地時，一旁看著的先生和我簡直是要昏倒；而我也記得大學時的室友，每次洗完臉時，不會用手擰乾毛巾，而是放在臉盆內，再用手把水壓掉。因此，掃地、擰毛巾等看似理所當然的小動作，可都是有撇步的喔！還是請父母親大人撥冗賜教吧！至於清潔用品，則需提醒孩子使用的場所和份量，而像鹽酸等具高度危險性的用品，則

請父母們絕對要妥善收藏，使用操作的過程最好也由大人進行，以確保安全。

2. **訂定清掃時程**：爸媽們先與孩子一起規劃大掃除的進度吧！由除夕夜倒推，將應完成的工作列出，再分配負責人和完成時間，將這些項目做成一張表，大家就可一目了然，照進度執行。父母仍須上班，而孩子已經放假時，可安排一些較輕鬆、操作上較簡單的工作，交代孩子自己進行。至於大規模的洗洗刷刷，像洗紗窗、拖地等，除非孩子已經夠大，否則最好留待週末時由爸媽協助進行，以避免不必要的意外。

3. **工作分配**：掃除工作的分配可是一門學問喔！雖然希望全家能總動員，一起加入清掃的行列，但畢竟隨著孩子年紀不同，能負責的工作也應有所區別。像抽油煙機或是流理台、鍋具等油漬較重的項目，或是換紗窗、燈泡等爬上爬下的工作，可能就還是勞煩爸爸媽媽。而像擦桌抹椅、洗紗窗等不具危險性的項目，則可以交給學齡以上的大小朋友們。至於一旁搖搖晃晃、嘴上可能還叼個奶嘴的可愛小寶貝，則可以給他一條乾淨的毛巾，讓他能跟著東擦擦西抹抹，就能滿足他想幫忙的心喔！

步驟說明

大掃除工作的進行，基本上可以分為幾類：整理布置、洗刷擦拭、釘鑽敲打和搬運移動，通常孩子們幫得上忙的多半是前兩項。

① 整理布置

整理自己的桌子、床、房間等，是大掃除時每個人的基本任務。當中頂多用到掃把、抹布等，安全無虞，因此爸媽可以放心地請孩子自行處理。除此之外，將客廳、書房的 CD、光碟和書籍等幫忙擺好，或是換一換椅墊、枕頭套、桌巾等，這些都是簡單又有速效的工作，能讓孩子很有成就感喔！

② 洗刷擦拭

大掃除總免不了洗洗刷刷，但年關將近時多半是酷寒嚴冬，需提防孩子不小心就感冒了。運氣好碰上豔陽高照當然沒問題，否則也不能耗著硬等好日子。孩子的衣著不需厚重，便利商店賣的輕便雨衣這時就很好用，套一件便可防水又保暖。需要洗刷的物件有大有小，還有些像是電風扇、紗窗等需要拆卸的項目，這時不妨以生產線的方式作業：由父母進行拆卸，讓小朋友在一旁遞遞像螺絲起子等輕巧的工具，再請他們將卸下來的紗窗或拆解下來的風扇葉片送到浴室給大朋友沖洗，之後由他們擦乾後再送回前線裝配，這樣不僅可避免小小孩既鬧場又弄得全身溼淋淋，而且人盡其才、各司其職，全家大小都派上用場喔！而如果小搗蛋堅持一定要下海，就替他泡盆肥皂水，給他一隻牙刷，讓他幫忙洗刷一些小零件等，偶爾記得叫他們來幫風扇上個螺絲，他們就會很引以為傲呢！而無論大小成員，洗刷完畢記得馬上換件乾衣服，以免感冒喔！

③ 釘鑽敲打和搬運移動

　　大掃除通常以由簡而繁、由小而大、由上而下為基本原則：小東西收拾好了才方便擦桌拖地、天花板牆上打點好才能清理地面。但若遇上需要大幅度調整內部擺設，像換房間啦、買新書桌啦等等，則反而須先讓大家具就定位才能安置小東西，因此順序上要先請爸媽們先設想好，再由孩子進行後續的整理清潔工作，才不會本末倒置或白忙一場。碰上需要釘鑽敲打或搬運移動時，原則上以大人執行為主，但是釘東西時有人遞遞釘子，釘畫時有人看看正不正，可都很重要呢！這時候，小不點一定很樂意幫忙，所以不要小看了這重要的配角喔！

　　整理布置、洗刷擦拭、釘鑽敲打和搬運移動等所有大掃除的工作都完成了，最後別忘了把地再拖一次，大家就可以坐下來──看，窗明几淨，一切就緒……咦，好像還缺了點什麼？……對了，貼春聯！小寶貝幫忙撕膠帶，大寶貝看看貼正了沒……，一元復始，萬象更新，新的一年，祝大家歲歲平安！除了過年時的大掃除、平時家中的整理打掃也可以大家一起來，讓家中常保整潔喔！

安全方便用瓦斯

11

恭 喜恭喜恭喜你呀，恭喜恭喜恭喜你！——全家大大小小總動員，一起大掃除之後，現在全家窗明几淨，準備過個歡喜大好年呢！想到過年，吃喝玩樂是一定要的，但是小孩放個寒假，總不能成天吃喝玩樂；不過在大過年的，要他們寫功課又好像有點不人道……學著做點好玩又有用的事吧，讓這個寒假過得很有成就喔！過年就來學一項超高段的，那就是——使用瓦斯爐！

天啊！你竟然要教孩子這麼危險的事？不行不行，這絕對不能讓孩子學……如果爸爸媽媽或是家中長輩有此疑慮，我絕對不勉強，也不希望因此影響家中和樂的氣氛，本次主題就請略過，好好過個年吧！但是如果你也像我一樣，寧願讓孩子具備使用瓦斯爐應有的正確觀念和操作要領，並且免除孩子因好奇自行操作而可能產生的危險，甚至在他人錯誤操作或使用不當時能有所警覺，那麼使用瓦斯爐就不是一件危險任務，反而是一件「避免危

險」的重要使命。而挑在過年時教孩子使用瓦斯爐，一方面是考量大人們放年假在家，可以隨時監督孩子操作過程和使用時機的適當與正確性，另一方面則可以讓孩子在這之間充分演練，像燒個開水、煮個蛋啦，還有大年夜招財進寶的「元寶」水餃（後面主題會教到）等等，都可以讓孩子反覆操作、熟能生巧，到元宵節煮湯圓時，可就「出師」啦！日後在孩子的回憶中，一定會記住這個讓他大顯身手的過年「特別節目」！

本次任務：使用瓦斯爐

- ♥ 基本能力：視孩子的個性、穩定度而定，最好小學中年級以上，具備物理化學現象之基本認知。

- ♥ 基本原則：膽大心細。

- ♥ 準備事項

  1. **確認瓦斯爐具的安全性**：瓦斯爐是一項統稱，其中包括了瓦斯源頭和瓦斯爐具。在瓦斯源頭方面，目前不外乎兩種：天然瓦斯和桶裝瓦斯。無論是哪一種，基本上孩子需要操作的部分都在開關，因此父母親們要先檢查瓦斯開關的接頭是不是牢固，並確認開關的使用操作是否正常。而在爐具方面，則除了確認瓦斯管線順暢且無漏氣之虞，還要請爸媽「清場」——把爐具旁邊可能的危險物品移開。畢竟孩子頭一次上場，還無法像老爸老媽一樣展現十八般武藝，因此像是炒菜用的油或是煎鍋、炒鍋、湯鍋等都還派不上用場，可以先挪開，一方面避免礙手或不小心打翻，再方面將事情單純

059

化，可以讓主題明確，不易分心。

2. **灌輸正確使用觀念**：就像一般人對使用瓦斯爐的基本印象——危險，因此在教孩子使用瓦斯爐前，要先以嚴肅的態度告知，這可不是一件「好玩」的事。但爸媽們也不必因此板著臉，一副如臨大敵的態勢，若是這樣，孩子可要被嚇得不敢擔當如此的重責大任了。成就感可以是很好的動機，讓孩子覺得他即將執行一件「大人才會做得好」的事，自然會引發他謹慎專注的心情。「責任心」則是另一項可以賦予並強調的重要機制，當你告訴家中的大孩子：「了解如何正確操作及使用瓦斯，可以保護自己和家人的安全。」——這是多大的一項榮譽啊！保證從此每天睡覺前，孩子一定會記得檢查瓦斯關了沒，有瓦斯味時也一定會是他先跳起來呢！

步驟說明

不像其他事項的學習，可以口頭說明完畢就放手讓孩子操作，使用瓦斯爐一定要請爸媽先示範，並且全程在旁監督，才能確保安全。使用瓦斯爐的基本操作原則不外乎：打開開關→點燃瓦斯→調整火苗大小→關閉開關。

① 打開開關

瓦斯爐要從源頭——開瓦斯開關說起。如前面所述，天然瓦斯和桶裝瓦斯的開關是不同的，要請家長先示範說明，再請孩子操作一次。

② 點燃瓦斯

　　把瓦斯爐上的鍋具拿開，以便讓孩子清楚看到瓦斯點燃的過程。為了安全，瓦斯爐多半需要押下開關再轉才能點燃，現在有所謂的安全爐，押下的時間還有限制，爸媽們自己可得先熟悉怎麼操作喔！好了，現在就來練習這個關鍵動作：押─轉─放，哇，火點燃了！看似簡單，可是往往孩子們在使用上的盲點和怕點也在於此。要注意開瓦斯爐

圖 11-1

可是有特定的手勢喔，通常是手心向上，由右向左逆時針方向押下反轉（圖 11-1），爸媽可以空手先示範一次，請孩子跟著做，再實際點燃瓦斯爐。在押下瓦斯開關時，請孩子留心聽瓦斯冒出來的嘶嘶聲，並且注意押下的時間不必太久，

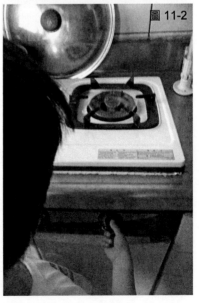
圖 11-2

火苗冒出來就可以放手（圖 11-2）。好了，現在要請小小生活高手上場囉！這時有的孩子會很緊張，有的孩子反而興致勃勃，躍躍欲試。第一次最好由爸媽抓著孩子的手操作，讓他感受每個環節的力道和時機，接著再請孩子實際操作一

次。一開始爸媽們可以在旁邊數拍子：押—轉—放；但是要提醒親愛的爸媽，請不要把音量拉高，不然孩子會被你感染得緊張兮兮的。其實，只要幾次的練習，孩子一定能順利漂亮地點燃冬天裡的一把火！

③ 調整火苗大小

圖 11-3

瓦斯爐要能用得得心應手，火苗大小的調整是必要關鍵，火苗的調整其實就靠開關轉盤的轉動。請孩子觀察轉盤轉動的方向角度與火苗大小的關係，再請孩子試試看，建議不要大角度轉動調整，否則火焰突然猛張或是熄掉都很危險。可以請孩子試著以彎曲食指做叩門狀，輕輕敲開關轉盤，就能讓火溫柔地慢慢變大或變小呢（圖11-3）！

④ 關閉開關

用完瓦斯爐，要確認轉盤回到原點，發出「恰！」的一聲才是完全關閉，當然，別忘了關上瓦斯開關喔！

哇，孩子終於完成了這項史上超級無敵偉大的任務，可喜可賀！但這可不是讓孩子從此沒事點個火取暖，或開始煎炒煮炸樣樣來了。何妨先請孩子在爸媽使用時在旁實習，觀察如何有效

操作瓦斯爐，並順便提醒孩子使用時的注意事項，如此不只能增
進親子互動，在忙碌的大過年時，爸媽也可多個小幫手喔！而遇
到有關誤用瓦斯而導致的事故時，更可適時警惕大家，安全使用
瓦斯有多麼重要。相信經過一段時間的耳濡目染，孩子將會對使
用瓦斯爐具備正確的認知，進而大顯身手，完成進階的高難度
挑戰！

元宵我來煮湯圓

12

② 高寒

不像暑假的漫長，寒假總讓人覺得一轉眼就過了，尤其中間夾了個年假，吃吃喝喝的，一晃眼又得上班上學了呢！趁著過年大人們都在，我們的小小生活高手學了個高招——「如何使用瓦斯爐」，相信值得在寒假作業上大書特書。過完大年後別忘了還有個小年：元宵節。而元宵節除了提燈籠，可還有個重頭戲——煮湯圓。今年就請爸媽們退居幕後，指導我們的小小生活高手更上一層樓，學學進階的高段「撇步」——煮湯圓，以後不必等元宵節，孩子隨時都能為父母親大人上碗熱騰騰的湯圓喔！

本次任務：燒開水、煮湯圓

♥ 基本能力：小學中年級以上，配合孩子的個性、穩定度而定。
♥ 基本原則：稍安勿躁，循序漸進。

♥ 準備事項

1. **心理建設**：學會了開瓦斯爐後，孩子可能會認為使用瓦斯爐「沒什麼！」而容易掉以輕心，因此需要再重新強調使用的安全性，務必以嚴肅的心情、認真的態度去執行整個過程。

2. **器具準備**：由於是新手上路，只要先以白開水煮甜的大湯圓就可以了（市售現成的芝麻、紅豆、花生等餡料口味的湯圓就很適合），至於鹹的或是加料的（像加紅豆湯等）⋯⋯嗯，指日可待！此外，請準備一個中小型湯鍋、一支大湯勺和一雙隔熱手套。

步驟說明

以煮的方式烹調食物的過程，不外乎燒開水→放食材→烹煮三個階段。

① 燒開水

圖 12-1

無論煮什麼食物，將水煮沸總是必須的，因此要請小小生活高手先來學學燒開水。一般會請孩子自己煮的不外乎湯圓、水餃等簡便的食物，數量也不會太多，因此不必給孩子太大的鍋子。大約**二十公分口徑，高約十五公分，中型有柄附透明鍋蓋的不鏽鋼湯鍋**（圖 12-1）就很適合，如此裝了水也不致於重到孩子端不動。

好了，現在請孩子在湯鍋裡裝半鍋水，再放到瓦斯爐上，一定要放在爐心喔！放歪了可是很危險的！接著請孩子點燃瓦斯爐，爸媽也好趁機確認他開的方式是否正確。瓦斯

圖 12-2

爐剛點燃時的火焰一定很大，請孩子調成中火，也就是火焰大約繞在鍋邊即可（圖 12-2）。由冷水到燒開總要花個幾分鐘，可以趁機讓孩子觀察這之間水的變化。看到鍋子內壁上的水珠愈冒愈多時，就知道水快要開了。哇！水開了！大大的泡泡不斷冒著，這時可以再請孩子試試調整瓦斯大小對水的影響……當火焰大開，水的泡泡冒得又大又急；相對地，火小時氣泡會變小，冒泡的速度也會變慢，甚至過了太久溫度達不到沸點，氣泡就沒了……這不正是一堂最佳的親子物理課嗎？

② 放食材

要將食物煮熟，當然要把食材放進鍋裡。這個大人看來理所當然的步驟，卻是孩子很大的「魔障」——必須把東西丟進滾燙的沸水中，好可怕！於是為了不被燙到，小朋友們總會將食材高高舉起，像丟籃球一樣扔進鍋裡，殊不知離水面愈高，丟進的東西激起的水花會更大，這樣反而更危險，更容易燙傷。那麼該怎麼辦呢？可請孩子把瓦斯轉小，原先冒著大泡泡的水面會慢慢平靜下來，這時再請孩子把湯圓放進去，他就會放心多了。如果孩

子還是不敢放，那麼就請幫他準備一雙隔熱手套，千萬不要勉強孩子，或是誤用激將法嘲笑他：「這樣都不敢？」那麼恐怕孩子就會乾脆放棄囉！面對不敢空手下湯圓的孩子，還

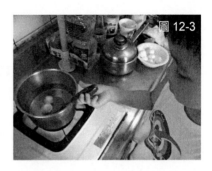

圖 12-3

有另一種變通方式，**就是給他一支長柄的大湯匙，請他把湯圓放在湯匙上**，再慢慢放進鍋裡就很安全啦（圖 12-3）！市面上賣的湯圓多半是冷凍的，但可別因此一早就拿出來放著，只要等到水煮開了，要下鍋前再拿出來就可以了。

③ 烹煮

下鍋煮東西，總得煮熟了才能吃，什麼時候才是煮熟了呢？以湯圓而言倒是很簡單，煮到浮起來就是熟了。雖說如此，火候（也就是火苗的大小）還是很重要。湯圓放下去之後，**要先用大湯匙攪一攪**，以免黏在鍋底。但是記得動作輕柔些，否則把湯圓戳破了，可就會變成一鍋麵糊了。放完湯圓後，水溫會下降，因此要將火再開大加溫，才能把湯圓煮熟。火開大後，在水開之前還是記得偶爾用湯匙攪一攪湯圓，水開後，沸騰的水會自然帶動湯圓來回滾動，就不必再翻攪了。但這時要記得把大火轉成中小火，保持水能持續沸騰，這樣煮出來的湯圓才會香 Q 好吃。否則一路快火猛攻固然迅速，但是外層的皮可能會煮得太爛，或裡面的餡還太硬，那可就白費了孩子的一番工夫呢！

　　好了，在一番慢工出細活之後，白白嫩嫩的湯圓一個個陸續浮了上來……耶！大家準備吃湯圓囉！煮好湯圓後，孩子一定仍處於興奮狀態，因此更要小心，別在盛裝過程中燙傷了。這時由父母將湯圓整鍋端到桌上，請孩子將碗和湯匙備好，再由他分裝給大家，會是比較安全的方式。否則如果家中有大托盤，就可以將碗放在上面，由得意的小廚師分裝好，再由大人幫忙端出來。總之，用瓦斯爐煮東西，不只是瓦斯使用過程要注意，食物烹煮過程的安全更是重要，只要是加熱了的開水或食物，就應避免孩子搬動。煮湯圓前在鍋中加的是冷水，因此可以由孩子端取。但是煮好後的食物是滾燙的，就務必告誡孩子不可自行搬動，一定要請大人幫忙，孩子頂多只能拿大湯匙挖取食物。煮好的食物如果加了鍋蓋，還必須教孩子：

圖 12-4

記得將鍋蓋開口朝外掀（圖12-4），讓熱氣不會一下子衝到身上，這樣才不會被燙傷喔！

　　也許爸媽們看到這樣的長篇大論，會覺得太過繁瑣，而其中的許多步驟和原則都是日後會重複出現，或必須反覆叮嚀的，因此寧可在一開始便加以強調，提醒孩子不可大意，以奠定日後自行安全執行其他任務的基礎。——好啦好啦，洪阿姨妳說完了沒？我們的湯圓都涼了！——喔，真是對不起，大家請開動！恭喜小小生活高手任務成功，也祝大家吃湯圓快樂！

洗臉刷牙吃飯囉！

13

① 初平

固然小小生活高手的本意，是要讓即使是小小孩也能學會生活自理，但或許大人們會好奇，三、四歲的小小孩除了玩，還要學些什麼？其實日常生活中，只要是還不會的，每件事都值得學習。尤其現在雙薪家庭居多，有的孩子還包著尿布就得上學去，也許有的父母正打算開始讓孩子上幼稚園，那麼就趁現在開始讓孩子學著打理每天都需要面對的「小任務」：刷牙、洗臉、進食──這些有什麼好學的？如果這樣的疑問是因為家中的小寶貝早就已經會這些雕蟲小技了，那麼恭喜你家教嚴謹。但是，也有許多現代家庭，因為孩子生得少，所以簡直是捧在手心長大的，別說要上幼稚園，恐怕要上小學了都還沒自己動手吃過飯呢！所以囉，這次我們要特別請親愛的小寶貝們一起來當小小生活高手！

🍳 本次任務：刷牙、洗臉、進食

♥ **基本能力**：能單手握住牙刷即可。

♥ **基本原則**：不求靈巧，只要鼓勵。

♥ **準備事項**：洗臉、刷牙、進食，想當然爾就是要為小寶貝們準備適當的工具：刷牙要有牙刷、牙膏和漱口杯，洗臉當然要有毛巾。至於進食工具，對太小的孩子而言，還無法靈活操作大人們習慣用的筷子，不如為小寶貝們準備叉子和湯匙就好。在材質方面，毛巾當然是選取吸水而柔軟的，牙刷一般會標示出適用年齡，幼兒專用形式通常只有二到三排刷毛，並且是軟毛的，才不會傷到小寶寶新生的乳牙，牙膏也同樣有兒童專用的口味。在湯匙、叉子方面，一般都是以不鏽鋼的材質為主，要注意的是湯匙的大小要適合小朋友，並且最好是稍呈方形角的為佳，隨便拿隻大人平常用的尖形大湯匙，可會讓黃口小兒不知如何下口才好。叉子同樣也需要選取小形的，尖端是鈍角，同時握柄有另一層包覆材質，易於讓小朋友抓握的較理想。當然這些小寶貝的用品，應該都會有孩子們喜歡的可愛圖樣，但是材質更重要，要耐摔耐熱且可微波的，像美耐皿（要注意標示的耐熱溫度）或微波專用餐具等是較適當的。除此之外，裝食物的器皿則可用有分隔的餐盤，或是廣口且同樣是耐高溫耐摔材質的大碗，小朋友進食時還無法如大人般控制自如，餐盤和大碗正好可以讓孩子盡情揮灑，快樂進食。最後，由於刷

牙、洗臉、進食都難免會將衣服弄髒,因此準備一條圍兜會更得心應手喔!

步驟說明

刷牙、洗臉、進食是每天起床的例行公事,讓孩子及早養成正確的好習慣,以後無論在家中或是上幼稚園,都可以讓父母少操許多心。那麼刷牙洗臉孰先孰後,可能個人習慣不同,但是先刷牙再洗臉,剛好可以把牙膏泡沫洗乾淨,應該比較合邏輯。不過如果小朋友前一天就寢前,就已經把牙齒刷乾淨,那麼早上起來漱漱口也就可以了(半夜又喝了ㄋㄟㄋㄟ就不算喔)。無論如何,我們還是就刷牙、洗臉、進食分別說明吧!

① 刷牙

幾歲的孩子該開始刷牙?其實只要長了牙就該開始刷牙。只是在一歲以前多半會由父母代勞,到了孩子可以抓握牙刷時,就該讓他開始學著自己刷牙了。孩子剛開始學刷牙時,最好由爸爸媽媽在旁示範陪著刷:將牙刷沾溼→在牙膏上面擠一丁點牙膏就好(一開始最好由爸媽代勞,否則要有心理準備,孩子小手一捏,大概就夠全家刷出一嘴泡沫)→將牙刷放進口中開始刷→刷完喝一小口水含在口中→咕嚕嚕漱漱口→將水吐掉→重複漱口、吐水的步驟……,說得容易,其實大概在牙刷放進口中後,問題就開始了。首先是怎麼刷?媽媽說:「由上往下,不能橫著刷……」,爸爸則是要求要用標準的「貝氏潔牙法」……,最後

呢?三天之後孩子決定不刷了!其實在換牙前,孩子們小小的乳牙通常牙縫還很大,不太會卡東西,吃的也多半是細軟易消化的食物,因此不必執著於制式的刷法。可以先由爸媽抓著小手刷幾天,讓孩子熟悉方法,再示範觀察幾天就差不多了(圖13-1)。其次在漱口時,孩子常把牙膏和漱口水吞下去,其實解決的方法很簡單:用開水取代生水刷牙,並且把牙膏擠少一點或根本不用牙膏,就算吞了下去,小朋友的牙膏成分多半不會有害,爸媽不必太緊張(圖13-2)。至於咕嚕嚕的步驟,很多孩子不會,那麼就只要能把水吐出來就好了。不論牙刷得如何,最重要的是每天一定要刷完牙才能睡覺,這樣孩子的蛀牙機率多半會降低一大半,我家兒子女兒到換牙時,一顆蛀牙都沒有就是最佳例證。

圖13-1

圖13-2

② 洗臉

孩子幼嫩的皮膚可不像大人,需要講究用什麼洗面乳,通常除非特別髒,否則孩子們可愛的小臉只需用毛巾沾清水,輕輕地擦乾淨就好了。正確的洗臉方法應該像電視上的廣告一樣,將水拍在臉上,再用毛巾輕輕擦乾,而不是用沾溼的毛巾用力搓揉。因此如果孩子可以接受,這樣的方式不僅能將臉洗乾淨,將來在練習洗頭或甚至以後學游泳時,都會輕鬆愉快許多。但是孩子通常會因為害怕水跑進眼睛,而不敢將水直接拍在臉上,這時候不妨給他一個小臉盆,把毛巾放進去加一點水,或請他把毛巾放在水龍頭下方沾溼,再請他兩隻手一上一下交握毛巾,捏一捏將水擠掉,然後把毛巾攤開來擦擦臉——記得將眼睛、鼻子和嘴巴擦乾淨喔!通常小朋友這時候還無法像大人一樣,會用螺絲捲的方式把毛巾擰乾,但是只要提醒他,捏到沒有水滴下來就好了。由此建議父母們,嬰兒時期用的紗布巾其實很好用,沾溼後只有一小團,孩子容易操作,細緻的材質又不傷皮膚,擦完了攤開一下就乾了,到上小學都還很好用呢!否則頂多用條小方巾也就夠了,千萬不要給孩子一條又大又厚的毛巾喔!

③ 進食

上幼稚園前後,為了快速方便,小朋友吃飯大多會由大人餵食了事。其實孩子通常很有意願自己吃飯,可是因為小肌肉的協調靈敏度還在發展中,一餐飯下來,往往桌上一片狼藉。幾次之後,爸媽們的立場會開始動搖,尤其家中有長輩時,大概都無

法讓孩子繼續發揮。其實只要前置作業周延，讓孩子自己進食是培養他獨立自主的第一步，此時剝奪了他這項權利，日後可能要花更多的時間來建立。實務上只要給孩子一個餐盤或大碗，底下記得鋪上一層報紙方便清理，由於手眼協調還未臻完善，孩子還無法靈活操作餐具和控制手的運作方式，因此往往可以看到他們用整隻手臂或手掌，而不是用手指去操作餐具，但又常會脫掉，要叉這樣卻老是對不準，或是喝湯時總是滴滴答答（圖 13-3）。結果常是小寶貝要嘛以口就食物，而不是以食物就口，要嘛乾脆拋下餐具動手比較快。無論怎樣慘不忍睹，爸媽們一定要用力忍下動手代勞的衝動（圖 13-4），頂多

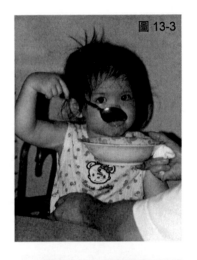

圖 13-3

圖 13-4

只要幫忙把食物切成小丁，方便小寶貝進食，而只要孩子把食物成功送進嘴巴，爸媽們就請用力拍拍手，這樣他會吃得又多又高興，而餐具的操作技術也會日益精進喔！

　　看完上面一大篇，爸媽們可能會很失望，其中根本沒什麼高深學問嘛！的確，刷牙、洗臉、用餐具當然沒這麼困難，但在這個年齡要求細緻靈巧的動作——非不為也，是不能也。只要現階段孩子願意做，進階的高級動作來日方長。至於心情態度上，三、四歲的孩子自我意識都還很強，要「教」他往往會受到堅定的拒絕，並且告訴你「我自己」——那就放手讓他自己試吧！可行的替代方式是在旁邊示範較好的方式，但不堅持他照做，這個時期，軟的會比來硬的手段有效喔！話雖如此，一旦開始要求孩子刷牙洗臉，就要繼續下去，而不可三天打漁兩天晒網。並且該有的程序一定要完成，像刷牙絕不可只是漱口了事，吃飯也不可以上上下下跑來跑去。大原則必須要求，小動作要寬容，假以時日，孩子自然會知道分寸，親子間的相處也將更有品質，一切的學習都將因此而有所成就。

穿衣換褲 我最棒

為了不讓大朋友專美於前，小小朋友們學會了怎麼刷牙、洗臉和使用餐具之後，當然也成為小小生活高手。現在每天一早，小寶貝應該都是以晶亮的牙齒和微笑的臉龐跟爸媽打招呼，然後全家一起快樂地吃早餐——嗯，滿像連續劇的畫面。無論這些項目孩子做得如何，仍然要提醒父母，至少要堅持孩子睡前刷牙的習慣。常在牙醫診所看到一口大爛牙的孩子，在暗暗責怪父母之餘，其實更為孩子心疼。尤其如果孩子已經換牙了，就算勉強也應該要求孩子睡前刷牙——放心，他們將來一定會感謝你的！

除了刷牙洗臉，生活中孩子能夠自己處理的事情其實還很多，像本篇要介紹的穿衣穿褲，花不了孩子多少時間就能學會，但卻能省下父母不少的心力。女兒一年級時班上有一對雙胞胎，長得高頭大馬，但女兒常說她們桌上總是亂成一團，直到開家長

會時聽了她們媽媽的話才恍然大悟。原來為了早上出門迅速確實，這個媽媽總是幫孩子從頭到腳一手包，據說已經練到能將衣服一邊套一個，同時打理，但即便媽媽技術再高超，女兒還是不會呀！所以，這次就請爸爸媽媽陪著小寶貝們，一起來學會自己穿衣換褲的小小生活高手！

📖 本次任務：自己穿衣服、褲子

- ♥ 基本能力：能雙手抓緊衣服即可。
- ♥ 基本原則：分辨前後，上套下拉。
- ♥ 準備事項：要讓孩子學穿衣褲，當然要為他準備衣服褲子，但可不是隨便抓一件就好喔！原則上對稚齡的孩子而言，穿著舒適最重要。尤其這時期的孩子好動、活動量大，棉質的圓領衫配上長短褲的穿著，男女孩都適合，對於孩子學習如何自己穿衣服是很好的入門方式。就請爸媽先為孩子準備好吧！

📷 步驟說明

依照衣服的穿著方式，可以大分為兩類：由上往下套和由下往上穿。

① 由上往下套（如上衣類）

這類衣服的穿著原則就是將頭和雙手露出來就對了。但是對小小孩來說，最常見的困擾是穿上去之後發現前後穿反了，脫下來再穿一次——還是反了，這時怎麼辦呢？為了幫助孩子區分

衣服的前後，爸媽在小朋友剛開始練習時，最好選擇只有前面有圖案或花樣的衣服以茲辨別。素色的衣服可以在前面的領口縫上一個扁平的小釦子（不要太大太凸的釦子，否則卡在頸部不舒服），這樣套下去的時候，摸摸釦子在哪裡，就知道那邊是前面了。女孩子則可以縫朵小花，方便區別前後，又可為衣服增添特色喔！

其次，一般圓領的上衣，在放平的時候，前面的領口會比後面低，換句話說，領口會呈現半圓形凹下的圓弧。現在就請小朋友將衣服領口朝上方，正面攤平放在自己前面看看——咦，真的喔（圖14-1）！請孩子將有凹形原弧的正面翻過去變成反面，換句話說，讓衣服的背面朝上。現在把衣服拿起來……套上去……頭伸出來後往下看一看，確認圖樣或花樣是不是在前面，如果不是，趕快轉一轉……嗯，對了（圖14-2）。現在讓手手跑出來……左手跑出來，然後右手……哇，穿好了，是不是很簡單？

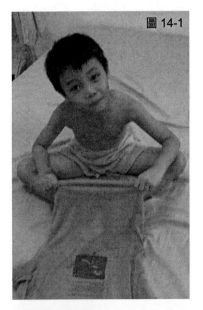

圖 14-1

圖 14-2

② 由下往上穿（如褲子類）

　　就像上衣一樣，有開襟的像是襯衫，固然容易辨別前後，但是往往釦子就要偏勞爸爸媽媽，孩子還是無法獨立完成穿著。而下半身的褲子，需要扣釦子、拉拉鍊的形式很容易辨別前後，可是又是釦子又是拉鍊的，孩子十之八九會受不了，所以就先以鬆緊帶的運動褲練習吧！但是這類褲子又有同樣的問題：很難辨別前後。其實有些褲子還真的不分前後，但是大部分還是有所區別：前面大部分是平的，後面則會有屁屁線（就是褲底有條倒 Y 形的車痕）；放平時就像上衣一樣，前面的褲頭會較後面低；如果有口袋，前面大多是兩側邊的斜口袋，後面的則大部分是平貼式的口袋。無論如何，要孩子做這些區別可以在日後再說，對於初學自己穿褲子的小小孩，你就饒了他們，找一件容易區分前後的款式，或是像上衣一樣，用點小撇步：在褲子內側後面的接縫線上，以顏色鮮豔的小布條或色線做個標記（可不能像上衣一樣縫釦子，否則坐的時候屁屁會痛喔），很實用的。

　　不同於上衣不一定要坐著穿，小朋友穿褲褲時還是建議讓他坐在椅子或床邊，讓腳垂下來。現在把褲子拿在前面，讓褲腳垂下，兩隻手將褲頭的鬆緊帶往兩側拉開，找找裡面有標記的小布條或色線，把它轉成在後面，也就是靠近自己這邊；如果是以側邊口袋區分的則相反，口袋應該在前面。確認前後了就可以開始套褲子：先伸入一隻腳、再伸入另一隻，這時注意，如果是長褲，要先請小朋友分別將兩隻腳的褲管往上拉，直到腳板露出

來（圖 14-3），當然如果是穿短褲，就沒有拉褲管的問題，拉好之後才請孩子站起來，否則容易踩到褲管跌倒，再請他把褲頭往上拉到腰部，好了，褲子也穿好了呢！

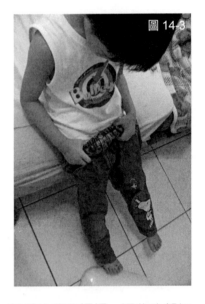

圖 14-3

　　以上所敘述的都是如何將衣服穿上，而且穿的都是形式最簡單的衣服，當然會穿上就需要會脫下，而且總不能只會穿套上套下的運動衫呀！──別急別急，親愛的爸爸媽媽，這些我都知道，但是何妨給小寶貝們一些練習的時間。在這期間，儘量以類似形式的衣褲，讓孩子儘快熟悉衣褲的穿著，可別一天換一種樣子，讓孩子無所適從，他當然就會興趣缺缺囉！而一開始孩子可能手腳會比較笨拙，或不耐煩地請你幫忙，這時要儘可能耐心引導，可別心急地代勞，否則孩子的學習可能就會半途而廢了。等到他能很俐落地自己穿這些簡單的衣物時，自然會興致勃勃開始嘗試其他衣物的穿脫，這時再適時加以引導，更能收事半功倍之效喔！

穿鞋穿襪、上廁所 15

1 初平

許多小小朋友們將在暑假後去上幼稚園或小學了呢！家有這些新鮮人的爸媽們，可得記得好好讓小寶貝練習自己刷牙洗臉和穿衣穿褲，開學後才不致於大人小孩都手忙腳亂。不過，除了穿衣穿褲，出門可還得穿鞋穿襪，而會自己刷牙洗臉吃飯固然重要，但還有一件民生大事不得不學喔！那就是上廁所。學會了這一連串的基本功，小朋友就會是宇宙無敵超級生活高手啦！哇哈哈哈……等一下，別高興得太早，還是先來練習這次的超級任務吧！

本次任務：穿鞋襪、上廁所

- ♥ **基本能力**：能用雙手抓緊物件為原則。
- ♥ **基本原則**：明辨左右，乾淨確實。
- ♥ **準備事項**：練習穿鞋襪，理所當然地要為孩子準備鞋襪。但是就像練習穿衣服一樣，建議先為孩子準備款式簡單的鞋，什麼

又是高統又要綁鞋帶的鞋，可以等孩子進階時再說。否則孩子死命拉了半天還是沒辦法穿上一隻鞋時，能怎麼辦？乾脆坐在地上放聲大哭：太挫折了嘛！一般說來，像老年人常穿的、開口圓圓大大的、看起來像功夫鞋的平底軟鞋，或是像芭蕾舞鞋般、上面有一圈繫帶的娃娃鞋就很適合，正因為穿脫容易又舒服，許多幼稚園也拿這種鞋當室內鞋。至於襪子也是一樣，選擇棉質鬆軟的短襪先入門，織造緊密的運動襪或是長襪，也同樣地只會有讓孩子哇哇大哭的反效果。

在上廁所方面，孩子能自理的程度會因年齡及父母所給予的訓練而有差異。兩歲左右能自理尿尿的部分就不錯了，但是到了四、五歲中、大班的時候，就應該要能自理大號。否則到了小學，老師不會像幼稚園般跟前跟後，更不能要孩子憋一整天，所以趁著暑假天氣熱不怕光屁股，密集訓練，就能讓寶貝快樂上學，家長也放心。在練習過程中，只要準備幾件孩子將來上學常穿的、不同樣式的褲子，讓孩子能預先練習就可以了。

步驟說明

① 穿鞋襪

穿鞋子想當然爾就是把腳放進鞋子不就得了，但是對小朋友而言可沒這麼簡單。最常見的大挑戰就是分清楚左右腳，尤其是簡單好穿的鞋型，左右腳看起來都是圓圓的，怎麼分呢？其實通常鞋子的內緣會在腳肚，也就是鞋子中段部分有向內凹的弧度，

鞋子外側則不會有。而如果是
跳舞鞋，或是有方便孩子穿脫
的魔鬼氈則更好分辨，因為鞋
帶黏的部位一定在腳背外側，
以此原則來分辨鞋子的左右就
容易多了（圖 15-1）。可以讓

圖 15-1

孩子平常在家就練習把鞋子依左右腳擺好，或是家人回來脫了鞋
請他看看左右腳應該怎麼放，而不必一定得等到要穿時才讓孩子
分辨，若是碰上趕著出門時，大人小孩雞飛狗跳，往往大人就會
幫忙，這樣孩子可是永遠學不會。

　　而談到穿襪子，大人直覺上也會認為像穿鞋一樣，套上去
不就成了？實際上雖然襪子不需要像鞋一樣要分左右，但是就像
穿鞋一樣，穿襪子對孩子而言，最大的障礙在於怎樣把襪子完全
套上腳。小朋友學穿襪子，可別奢求他能一次就把襪子從腳底平
順地拉過腳踝穿好，其實這部分可能有些大朋友也都還不是做得
很好，並且這樣一路到底的拉法，往往只會把襪子拉壞。穿襪子
最理想的是採取兩段式穿法，怎麼說呢？通常襪子在中段會有像
腳底形狀的弧形，而在腳趾頭的部分，則會有一條橫的車縫線，
所謂的兩段式穿襪，就是利用這兩個部位。第一段先將襪子套上
腳板，請孩子把襪子的大嘴巴打開，然後慢慢一小段一小段地拉
到腳肚，也就是腳底板中央凹凹的地方（圖 15-2）。就這樣一直
拉到襪子頂端頂到腳趾頭，這時候襪子前端的車縫線應該剛好橫
在腳趾頭上，如果不是，趕緊轉一轉，把它調整好。進行到這裡

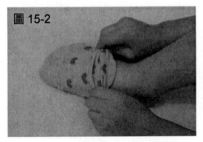

圖 15-2

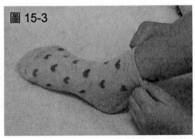

圖 15-3

時，襪子會只有頂端是平順地貼著腳趾頭，其他都皺成一團積在腳肚。沒關係，接著就進行兩段式穿襪法的後半段，就是將襪子拉過腳踝穿好。原則上如果剛才已經將襪底的車縫線平貼腳趾，這時將襪子順著往上拉時，襪子中段腳底形狀的弧形角度會剛好服貼著腳踝（圖 15-3），但是畢竟理想通常與現實會有差距，所以往往小朋友將襪子拉高時，會發現要嘛歪歪扭扭的，要嘛應該順著腳踝的圓弧部分會凸一塊出來 ，這時不要急著斥責小孩，或是要他脫下來重穿，因為只要腳趾頭的車縫線沒跑掉，後半段的偏差都可以修正，只要扭一扭、轉一轉就行了——喔喔，不是叫小孩站起來扭一扭、轉一轉，而是把襪子的後半段扭一扭、轉一轉。一回生二回熟，只要第一段做得正確，孩子很快就能自己修正偏差點，久而久之，穿襪子的速度和正確性也會愈來愈高。

② 上廁所

上廁所要分成尿尿和大號來說明，而尿尿還會因男生與女生而不同——噯，你知道的嘛：女生要蹲著尿，男生只要站著灑就好了——喔，不，不，這就是重點了，由於生理結構的不同，

站著尿的小男生第一守則是不能亂灑，蹲著尿的女生呢，則是一定要記得擦屁屁。尿尿通常在訓練上比較沒什麼大問題，相較之下，大號的訓練通常會令父母很頭痛。首先無論男女，上大號一定都會坐馬桶（一般蹲式的會在坐式馬桶之後再訓練），而無論尿尿、大號，都一定要褪下褲子，這時

圖 15-4

問題就來了；往往孩子有的是褲子褪得不夠下面，以致於弄髒衣物，或是過與不及，有的小朋友一定要光屁屁才能上大號。幼稚園時或許這樣還沒什麼問題，到了上小學還得每次脫光光可就有點為難了。暑假天氣熱，孩子通常會穿短褲，因此可以膝蓋當定點，請孩子記得將褲子拉到膝蓋再坐上馬桶，這樣就不會讓褲子因為拉得過與不及而弄髒或掉到地上（圖 15-4）。小女孩最好也從穿短褲練習起，到了穿裙子時，則請小女孩記得，將裙子往前面兜成一團，用一隻手抓住，然後另一隻手往後摸一摸，確定衣角沒有垂下，屁屁有露出來就對了。

除了穿脫褲子，上廁所最重要的是要把屁股擦乾淨。前面提到女生連尿尿時都要記得擦屁股，最重要的是要從前面往後面擦，並且不能來回反覆擦，以避免可能的感染。至於上大號，則無論男女都要擦屁股。一開始可以請孩子上完後先下來，在旁邊

蹲著擦，一方面可避免馬桶礙手礙腳，再者小朋友坐在馬桶上通常都腳不著地，再要他們擦屁股，算是高難度的挑戰。相對地，蹲在地上很穩，屁屁伸展開來也比較好擦，而且將來上小學時，學校的廁所大部分也是蹲式的喔！擦屁股常見的狀況是沒擦乾淨，主要原因是孩子的手伸得不夠後面，因此一開始可能需要爸媽抓著小朋友的手，教他如何往後伸，並且找到正確的位置。擦的時候記得只能擦一次，並且只能單向擦，女生還是一樣，只能由前往後擦。開始的時候，每擦一次就要讓小朋友看看擦完的紙——咦，好噁心喔，還看什麼？這是為了讓孩子確認屁股是否擦乾淨了，擦到紙上乾乾淨淨的才表示屁股也乾乾淨淨的呀！前幾次由爸媽抓著孩子的手執行，之後則由孩子自己擦，幾次之後如果孩子都做得不錯，就可以請他開始練習坐在馬桶上擦。再幾次之後則可以抽查即可，或是由孩子換下來的內褲，也可以輕易得知他擦屁股的成果如何。

吃是民生大事，但是有進有出才健康，所以上廁所也是民生大事，及早讓孩子學會自理上廁所，會是他真正獨立的第一步。而要快樂地邁開大步，當然還要把鞋襪穿好，小小生活高手們，加油囉！

你煮我剝來吃蛋

16

② 高寒

快樂的暑假又要到了呢！夏天本來就更要特別注意飲食衛生。因此如果可以，何不在家開伙？不僅乾淨衛生，而且還可以增進家人互動，營造溫馨氣氛哦！話雖如此，家中有一群小蘿蔔頭的爸媽們可能有兩難的矛盾：在家吃固然有這麼多好處，但是想到小鬼頭們在旁邊纏來繞去，還有吃完後的杯盤狼藉……呃，想不下去，想不下去了！別煩惱，這時，小小生活高手就是最閃亮的救星了。記得嗎？我們曾經教大朋友們如何使用瓦斯爐，還學會了煮湯圓？還有還有，「你煮我收好幫手」讓小小生活高手們學著當個好幫手，一起來收拾餐桌。所以，爸媽們別擔心，就讓小小生活高手再次出馬，露一手讓大家過個有得吃又好玩的暑假吧！而且這次還要讓大小朋友們心手相連，一起來完成這次的超級任務喔！

🍳 本次任務：煮蛋（大朋友）／剝蛋殼（小朋友）

- ♥ 基本能力
  1. 大朋友：已學會使用瓦斯爐及燒開水。
  2. 小朋友：會用大拇指翻書即可。
- ♥ **基本原則**：掌握得宜，清潔溜溜。
- ♥ **準備事項**：必須再次強調，大朋友一定要已經會使用瓦斯爐，而且要熟悉火候的控制；至於小朋友，只要把小手手洗乾淨就可以了！而爸爸媽媽要幫孩子準備些什麼呢？既然要煮蛋，當然要有鍋子和蛋了，還有一支撈蛋的漏杓。蛋最好是沒冰過的，或是事先拿出來退一下冰比較好。此外，需要一些鹽巴，並且記得幫孩子們各準備一個碗和一隻湯匙，最好是耐熱又不怕摔的材質。還有一項很特別的：一個小鬧鐘，或是如果媽媽有煮菜用的定時器就更理想了。好了，萬事俱備，就讓我們開始吧！

📋 步驟說明

① 煮蛋

　　煮蛋如果只是煮熟，換句話說，就像滷蛋一樣，打開蛋黃是粉粉的，那就太普通了。白煮蛋就是要有糖心的，打開還有半凝結的蛋黃，QQ 的、軟軟的，還有蛋的香味，再撒上一點鹽巴……哇，簡直是太美味了！再說煮粉粉蛋哪有什麼技術可言，

只要會用瓦斯爐，會燒開水，這種蛋是最好煮的。不過話說回來，也不盡然每個人都像我和女兒一樣喜歡吃糖心蛋，還是有人像我兒子一樣喜歡吃粉粉蛋，既然我們是小小生活高手，就要能應觀眾要求，要什麼有什麼，要粉粉的有粉粉的，要糖心的有糖心的，這樣才能名符其實囉！請父母們幫他們準備一只中型鍋（深度約十五公分，直徑約二十公分，最好兩邊有耳，或是單柄鍋，並且附的是透明鍋蓋）。實際上最好是讓孩子固定用同一只鍋，這樣無論在火候或是水量的控制上都比較能掌握，加強他的熟悉度，煮的功夫就會愈來愈棒喔！

把鍋子、蛋（數量依人數而定）、鹽巴、漏杓，還有鬧鐘或計時器準備好，不像上次煮湯圓是水滾了才能下鍋，煮蛋則要從冷水煮起。先把鍋子放在瓦斯爐上，再將蛋輕輕放進鍋底，然後加入水，水量只要淹過蛋即可。現在可以開瓦斯爐了，一開始可以開大火，但可不是猛火，只要火苗繞在鍋底外緣就可以了。這時記得抓一小撮鹽巴撒在蛋的頭上，為什麼呢？因為突然的高溫會讓蛋殼裂開，還沒凝結的蛋白就會從裂縫中滲出來，如此可就成了一鍋蛋花湯。這時撒些鹽巴能降低蛋周圍的溫度，就可以避

免蛋殼裂開囉（圖 16-1）！但如果是從冰箱剛拿出來的蛋忘了退冰，可不能因此想當然爾地撒一大把鹽巴，這樣可又會變成煮鹹蛋了。這時要嘛先放一下退冰，否則就不能一下

圖 16-1

子開太大，中火就可以了。好了，調好火候之後，現在拿起漏杓或湯匙，攪一攪鍋中的蛋，這樣又是為什麼呢？想想看，如果不攪拌，蛋豈不是只有鍋底的部分熱得跳腳，頭上卻還是冷冷的？所以為了讓蛋均勻受熱，在水加熱的過程中，記得攪拌一下，不過只要偶爾輕輕地繞兩圈就好，不必拿著湯匙一直不停地兜著蛋團團轉。水漸漸熱了，可以看到鍋邊逐漸聚集了些小氣泡，這時就可以不必再攪動。水開了，大口大口地吐著氣泡，這時記得保持中火，換句話說，讓火苗在鍋底內緣，不要冒出鍋邊即可。並且趕緊做一件很重要的事：看看鬧鐘或計時器上的時間，從水滾開始，計時五分鐘，五分鐘之後，蛋就會煮好囉！

　　看著蛋在鍋子裡熱得跑來跑去，真是可憐，所以我們就備一盆冷水，待會兒讓它降降火氣吧！拿個大盆子放在水龍頭下裝滿水，把漏杓準備好……五分鐘到了，現在把蛋撈起來丟到水盆裡（圖16-2）——不急不急！雖然煮熟的蛋頂多只會裂個縫，不會像生蛋一樣哭得汁液滿身，但也是要慢慢撈才不致於濺起熱水而燙傷，請孩子多小心。蛋都撈進冷水盆後，再把水打開讓它們沖個涼，這時先轉身把瓦斯爐關上（煮蛋的水量不致於讓鍋子一下就煮乾，只是這時大家都忙著顧蛋，很容易就會忘了關瓦斯爐），好了，瓦斯爐關好，蛋也沖涼沖得差不多了。把水關上，把蛋拿起來看看燙不燙手，燙手就再丟回水裡再泡一

圖16-2

下吧！泡冷水的作用一方面是阻止蛋黃繼續熟化，以便保持糖心，另一方面也因此不那麼燙手，方便孩子拿取及進食，但是蛋就是要熱熱地吃才香，所以可別泡得蛋涼冰冰的，溫溫的就可以撈起來了。

② 剝蛋殼

　　煮蛋是大朋友較適合，吃蛋就可以吆喝大家一起來了。哇，等不及要看看自己煮的蛋是什麼樣子呢！不過，還是得先把蛋殼剝掉才行，所以大小朋友們請先把手洗乾淨，沒洗乾淨的就不能領蛋喔！把所有的蛋撈在一個大碗裡，分給孩子之後剛好拿來裝剝下的蛋殼，記得把鹽巴拿過來，每個人的湯匙和碗都準備好。現在先讓蛋磕個頭：在桌邊敲一敲，太用力蛋會扁了頭，太輕又起不了作用，力道適度讓蛋有個裂縫就好（圖 16-3）。先順著裂縫翻起一塊蛋殼，再順著這道缺口就能開始剝了。這時要請爸爸媽媽巡視一下，看看孩子剝得是否順利，尤其要特別關照年幼的孩子。由於蛋殼裡面還有一層蛋膜，有時孩子剝了半天，蛋殼剝掉了，蛋膜卻沒剝掉，此外還可能把蛋殼剝得細細碎碎的，其實大塊大塊地剝才會快又好。大家的蛋都剝得差不多了吧？這時候爸媽們最好再檢查一次，通常小

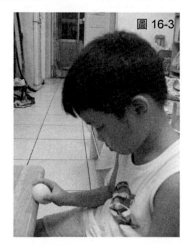
圖 16-3

朋友們容易夾帶一些蛋殼碎屑，
這時要用開水沖一沖，人多時可
以在撥好後集中一起沖，再撈到
個人的碗中。好了！白白胖胖的
蛋躺在碗裡，先看看誰的糖心最
成功。拿起湯匙豎起邊讓它站
著，就可以像刀一樣把蛋切開，
切完蛋黃剛好黏在湯匙上，沒有
流出來也沒有粉粉的碎屑掉在旁

圖 16-4

邊的最成功（圖 16-4）。不過同一鍋煮出來，煮的時間也一樣，
會發現有的比較熟，有的剛剛好，那是因為蛋的個頭不一樣大，
所以熟的程度還是有差別。蛋的大小有時差距很大，所以在煮的
時候也可以因此調整時間：大一點的久一點，小一點的快一點，
五分鐘不是一分一秒都不能差的。嗳，管他熟不熟，我都要吃了
啦……再一下下就好，撒點鹽巴滋味更佳喔！記得用手指頭捏一
點點就好，而且要繞一繞才會撒得均勻，撒鹽巴不只調味，最主
要是避免吃蛋引起的脹氣，嗯……，好吃嗎？……再來一個！

　　煮個蛋要費這麼多精神？爸媽們看了也許不以為然，雖然
現在有許多較簡易的方法讓孩子煮蛋，像是煮蛋器或是據說將蛋
放在裝水的馬克杯裡，水滾了等五分鐘就是糖心蛋……，無論如
何，我家兒子在幼稚園大班時，第一次煮蛋就是土法煉鋼，煮出
來次次有糖心！相簿中還有一張他與妹妹在剝蛋殼的陳年往事：
他二年級，妹妹才一歲多，胖嘟嘟的小臉笑得好可愛，好像在

說：哥哥煮的蛋最好吃了（圖16-5）！而轉眼間哥哥已經長得比我高，換妹妹煮蛋了。實際上，如果這種原始煮法會了，其他的方法應該更容易上手，何況哪天在郊外野營時，大概不會有煮蛋器（插頭也沒地方插），又找不到馬克杯，這時誰能煮出絕世美味的糖心蛋呢？當然就是我們的小小生

圖 16-5

活高手啦！而且營養豐富的蛋，不管是當早餐或點心，都會是比蛋糕、麵包等精緻食品更好的選擇。所以，爸媽們下次除了可以請孩子用微波爐幫你熱杯鮮奶，還可以像我常說的：「兒子，煮個蛋來吃吃吧！」

自己洗澡 香又棒！ 17

① 初暑

　　每年的四、五月，家有小學中高年級以下孩子的親朋好友們，最常問的就是：「小孩暑假怎麼安排？」——剛開始放假時，大人小孩多半會輕鬆一下，出門度個假，但是之後呢？如果像兒子女兒小時候，學校安排了五週半天的活動可參加，生活作息就會較正常，否則相對地可能就糜爛到谷底：天天睡到日上三竿，然後守在電視電腦前面……。那麼送安親班吧！雖然省事但是絕對不省錢；放在家呢，就算家裡有大人，久了大的受不了小的吵又煩，小孩也哇哇叫好無聊；打游擊式地參加些短期課程或戶外活動，平均一天一千塊的行情，大概也沒幾家上得了整個暑假。好不容易捱到八月，父母親大人往往這時才能鬆一口氣，因為漫長的暑假「終於」過了一半，離解脫的開學日已經不遠啦！到底怎樣能讓孩子過個有意義又不乏味的暑假呢？那當然還是要敝帚自珍地推薦我們的小小生活高手系列啦，讓孩子從玩

樂中學習，累積點點滴滴自理生活的實力，讓孩子無形中成長為更茁壯的小樹苗喔！

夏天嘛，玩水是大小朋友的最愛，既然要玩水，就請大家順便來學學自己洗澡吧！洗澡還要學？還不就潑潑水、搓一搓就是了？那可不見得。偶爾一次隨便洗洗還可以，但是要讓孩子真正好好地洗個澡，可還是有學問的喔！夏天不怕光屁屁，所以可以學著自己上廁所擦屁股；夏天也不怕脫光光，那麼就請大家一起來洗個香噴噴的澡吧！

本次任務：自己洗澡

- ♥ **基本能力**：不怕水，能以手握物即可。
- ♥ **基本原則**：小心確實、乾淨溜溜。
- ♥ **準備事項**：洗澡可以很簡單，只要有水就行，也可以很複雜，到沐浴用品專賣店瞧瞧，從刷子、毛巾到沐浴乳，可以拎上一大籃。讓孩子學洗澡當然不必這麼麻煩，但至少請準備下列幾項基本用品：
- 1. **毛巾**：小朋友小時候洗澡，多半是由爸媽先將浴巾鋪在床上，或是洗好時把浴巾攤開，再把小朋友包起來。現在既然要學自己洗澡，當然要會全套的，就是要自己會用毛巾擦乾身體。一般人習慣洗臉用小毛巾，洗澡用大毛巾，而從衛生的觀點來說，最好每個人都有自己專用的毛巾。但是如果這樣數下來，四口之家就會有大大小小共八條毛巾，可以掛滿

整個浴室，所以有些家庭會共用毛巾，尤其是大浴巾。無論家中是共用或分開，還是請爸媽為小朋友準備大浴巾和小毛巾各一條。不過，有些大浴巾又大又厚重，反而造成孩子的困擾，因此只要挑選方便小朋友包裹和擦乾的就可以了。

2. **香皂或沐浴乳**：傳統的中式洗澡習慣用香皂，但是使用方便的沐浴乳現在也很普遍，甚至還有泡泡浴。無論是哪一種用品，建議先讓孩子熟悉一種，一陣子後有必要時再換另一種。

3. **蓮蓬頭吊掛架**：一般家中的蓮蓬頭吊掛的位置對小朋友來說往往太高，爸媽可以到建材行或五金行另外買個吊掛架，配合孩子的高度釘在適當的位置。

4. **其他**：為了方便小朋友舀水沖乾淨身體，可以給他一個小水盆或是水瓢，而盆浴的則有勞父母親大人先將浴缸刷乾淨。當然小朋友洗澡都喜歡拿些玩具玩水，夏天不怕著涼，倒也不必嚴苛地一定不准。只是一開始要先約定，先洗乾淨才開始玩，否則本末倒置，學著自己洗澡的用意很快就會被拋到腦後了。

步驟說明

就如同用香皂和用沐浴乳無所謂好不好，洗澡的方式也有淋浴和盆浴兩種，視每個家庭習慣而定。無論用什麼洗或怎麼洗，現在就依洗澡程序說明，如何讓小朋友學會自己洗澡。

① 洗澡前

先準備洗澡的用品，包括毛巾、香皂還有換洗的衣物等。大浴巾和衣物一開始最好放在遠離浴缸的高架子或甚至在浴室外，否則在孩子打完一場水仗之後，通常浴巾和衣服也都溼啦！過一陣子等孩子變成洗澡高手，而且天氣也漸漸轉涼時，再把所有的必要用品帶進去吧！

② 洗澡時

1. **開水**：不管是淋浴或是盆浴，要洗澡總得先開水。雖然電視宣導的都是先開冷水再開熱水，但很多水點火的熱水器開冷水根本點不著。實際上只要明確地教導孩子正確的方式，先開熱水也可以很安全。浴室水管通常冷熱水會匯聚成單管，下方是水龍頭式的出口，上方則是蓮蓬頭，差別只在於開水的方式可能是轉動式或是掀壓式的。使用熱水必須十分謹慎，因此就算是大孩子，也必須充分演練，時時小心。還是一貫的原則：請爸媽先示範一次，再請孩子試做、父母監督，幾次之後才放手由孩子自己執行。

   首先將出水方式調成蓮蓬頭，並且架在固定架上，將噴灑方向朝著地面。如果是轉動式開水的，將熱水龍頭轉到全開，手在蓮蓬頭出水口試探水溫（圖 17-1），一旦開始變溫就必須開始

圖 17-1

開冷水，直到冷熱水調和到適當的溫度。如果是掀壓式的則將掀柄拉起，轉到熱水那頭，手感覺到水變溫了，就開始將掀柄慢慢轉向冷水方向，不要轉得太快，否則很可能瓦斯就熄了，又要重起爐灶。爸媽們也許擔心先開熱水會不會燙傷，其實水從熱水器到浴室出水口往往有一段距離，因此在感覺到水開始變溫到變成滾燙還有一段時間，及時開冷水調和就絕對安全，同時切記將蓮蓬頭出水口朝向地面，或像我家一樣放在洗臉槽內，以避免在水溫調好前沖濺到身體。年幼的孩子一開始可以由父母開熱水，並抓著他的手試溫度，請他在水變溫時開冷水，幾次之後才讓他練習開熱水。我家兒子女兒都在幼稚園就會自己開熱水洗澡，一直都很順利喔！

2. **洗澡：**洗澡當然要先脫衣服，夏天嘛，無妨讓小朋友先脫光光再進來，長頭髮的小女生別忘了把頭髮綁好夾起來或戴個浴帽。冬天怕感冒，可以將厚重的外衣先脫在外面，進到浴室再脫內衣開熱水。無論是淋浴還是盆浴，都必須先將身體洗乾淨再下水，因此就請爸媽先教孩子淋浴吧！打泡泡之前要先將身體沖溼，一開始可以先將洗臉台洗淨裝滿溫水，請孩子以水瓢或小臉盆舀起來沖，打完泡泡後再開熱水，以避免孩子開關水耗時又增加燙傷的可能。並且如果從一開始洗澡就開著水，洗個澡下來可是會浪費不少水，這樣的兩段式洗法可是省水又省瓦斯喔！打泡泡時使用沐浴乳的只要按一下到手掌心，如果是肥皂，則放在兩隻手中間轉一轉，再

撈點水，雙手搓一搓應該就會起泡泡。但有些孩子就算擠了一堆沐浴乳，怎麼搓就是沒幾個泡泡，這時沐浴球就可以派上用場。只要擠一點點沐浴乳在沐浴球上，加一點水搓一搓，就會有一大堆泡泡，對剛開始學洗澡的小朋友很好用。只是記得打完泡泡可得將沐浴球先沖乾淨，否則身上的泡泡可是會怎麼也洗不乾淨呢！

好了，開始洗澡囉──先洗上半身：兩隻手先搓搓脖子，接著順著肩膀左右開弓，左手搓右手，再換成右手搓左手，從上手臂搓到小手臂，最後記得自己搔個癢，把腋下抓一抓，之後洗前半身，到此大概都沒有問題。而後背通常小朋友都是眼不見為淨，這時可以借助長條形的沐浴巾，教孩子兩手一上一下拉著滑動，用沐浴巾刷刷背，或是請爸媽抓著孩子的手，教他如何反轉手臂去抓背，注意別太用力，以免將孩子的手扭傷了。接著換洗下半身，彎下身左右手一起搓腿：左邊豬腿搓一搓，右邊豬腿搓一搓，別忘了還有豬蹄子，就是蹲下來把腳底板也洗乾淨喔！上半身的難題在後背，下半身的重點則是洗屁屁。先搓出一手泡泡塗在屁屁和尿尿處，女生最好蹲下來，較能將尿尿處洗乾淨，男生則要將小雞雞翻開洗乾淨（爸爸們請發揮同胞愛，好好說明一下吧），當然還要記得洗後面的屁屁。

好了，大功告成，下一步是要將泡泡沖乾淨。除非情況特殊，否則孩子身上髒不到哪裡去，反倒是一身的泡泡可能會沖不乾淨。壁掛的蓮蓬頭能讓孩子的兩手揮灑自如，請他

順著剛才打泡泡的順序，由上半身到下半身沖洗乾淨。手持蓮蓬頭的話，則是以右手拿沖左半身，左手沖右半身為原則（圖17-2）。一開始孩子通常無法全面掌控蓮蓬頭，浴室很快就會變得溼淋淋的；由此得證我們的先見之明，為何敬告父母將衣物先放在外面囉！淋浴的沖完泡泡就收工了，盆浴的這時候則可以將洗淨的小豬放進湯裡：讓孩子進澡盆啦！這時夏天媽媽美白擠檸檬汁的皮，冬天吃完橘子晒乾的皮，都是最好的天然泡澡聖品，泡完香噴噴又護膚喔，當然還可以丟進適合玩水的玩具和小毛巾。夏天浴室不妨開著門，讓水氣透散，同時方便爸媽隨時探視小鬼頭（圖17-3）。冬天天冷了，孩子也熟練了自己洗澡，當然就得關門。只是水冷得快，必須不時加點熱水，記得讓孩子先退到出水口後方再開熱水，才不會燙傷。而無論冬夏，泡澡的時間適度就好，爸媽可得隨時提醒喔！由於孩子是洗乾淨才下水，因此洗完的水還可以讓下一個人接著洗，一盆可以洗全家，之後還可以沖馬桶或是洗衣拖地，一點都不浪費。

圖 17-2

圖 17-3

③ 洗完後

洗完澡的兩大工作就是擦乾身體和穿衣服了。無論淋浴或盆浴，建議剛開始孩子洗好時，都請父母先檢查泡泡是否沖乾淨了，順便把大浴巾帶進去。讓孩子變成小飛俠，把浴巾披在肩膀上，不只方便擦拭，也可避免浴巾掉到地上。同樣地，先擦上半身，左右交叉，左手擦右半身，右手擦左半身。之後將浴巾下放到腰間交叉打個大大的結，就可以繼續擦下半身了：左腿右腿還有，別忘了屁屁和尿尿處也要擦乾喔！夏天可以讓小飛俠飛到房間裡慢慢擦，只是從浴室出來時小心別直衝冷氣。冬天可就得在浴室擦完，穿上衣服再出來，才不會感冒。

哇，沒想到洗個澡也有這麼大的學問吧？沒關係，趁著暑假，有的是練習時間。開學之後，就可以報告另一項學習成果：我會自己洗澡囉！

手帕、襪子、小褲褲輕鬆洗！18

1 初暑

上　　了學的孩子大多必須穿襪子，之前已經教小朋友們學會了自己穿襪子。但是如果像我家有兩個孩子，加上老爸、老媽，一天至少會換下三、四雙襪子。一、兩天不洗的話，可是會「很有味道」的！當然，有些家庭會每天把襪子跟衣物一起丟進洗衣機裡洗，這在我們家就會出現像電視廣告般的台詞：「啊！襪子怎麼能跟內褲一起洗？」「不一起洗那要怎麼辦？」單獨用手洗又有另一個問題：誰洗？拜託饒了媽媽吧！無論歸誰洗都不公平，其實最好就是各人洗各人的。

要洗的不只是襪子，還有手帕。雖然現在的衛生紙品質都很好、價格又便宜，還有隨身包，攜帶也很方便，但是以環保的觀點來看，能少用一張紙是一張。在我家，薄薄的衛生紙還得分成兩張，吃完飯擦過嘴可不能馬上丟掉，還可以拿來擦桌子呀！清垃圾桶時，女兒就常為了使用過量的衛生紙而挨訓，所以鼓勵小

朋友以手帕代替衛生紙是值得推廣的。只是一定要保持手帕的乾淨，所以最好就是像襪子一樣，每天都把它洗乾淨吧！

此外，內褲最好也天天洗才乾淨衛生。像這樣，每個人只要準備三件內褲、三雙襪子、兩條手帕，就算陰雨連綿，也不怕沒有乾淨的襪子、內褲穿。當然常洗的結果可能會讓這些內褲、襪子很快就磨損了，不過實際上以衛生的觀點來看，每隔一陣子就將內褲、襪子換新，其實更能確保乾淨衛生，避免細菌感染。所以，大小朋友們，從今天起，記得每天睡覺前，把手帕、襪子和內褲洗乾淨喔！

本次任務：自己洗手帕、襪子和內褲

- ♥ **基本能力**：會以兩手交互搓揉即可。
- ♥ **基本原則**：層層過濾，左搓右揉。
- ♥ **準備事項**：洗衣物想當然爾會用到肥皂或洗衣粉，實際上只有浸泡襪子會用到一點洗衣粉，搓洗手帕和內褲則是肥皂較好用，而泡襪子則須準備個臉盆。此外，為了方便小朋友搓洗，可在超市或雜貨店買個長約三十公分，能放在水槽或臉盆內的**小型塑膠洗衣板**。最後，為了晾曬洗好的衣物，可準備一個垂著小夾子的環形掛衣架。

步驟說明

雖說每天都要將手帕、襪子和內褲洗乾淨，但可不是把這些全部混在一起洗，而是有先後順序的，並且洗法也稍有不同。現

在我們就分別來試看看吧！

① 洗內褲

　　洗內褲的最佳時機是洗澡時，洗澡時總得換內褲吧！因此在洗澡前後順手將內褲洗起來也很理所當然，至於在洗澡前或後洗則隨個人習慣。不過建議小朋友們夏天洗澡前洗，冬天因為天氣冷，還是先洗個熱呼呼的澡再洗小褲褲吧！

　　可想而知，內褲最需要洗乾淨的地方就是褲底了，因此爸媽們要明確告知小朋友們哪裡是褲底：通常就是內褲底部有再加襯的那一塊，如果沒有加襯，那就是底部接縫線的交界處了。

　　內褲不必泡，脫下來後直接在水龍頭下整件沖溼，然後將褲底翻上來，以左右手拉住攤開，在水龍頭下來回搓幾下，這樣可以先將可能的穢物沖掉，之後再打肥皂會洗得更乾淨。打肥皂時先將水關掉，把沖溼的內褲稍微擠一擠，讓它不那麼溼。不必整件內褲都打肥皂，這樣反而不容易沖乾淨，**只要褲底塗點肥皂，兩手抓著來回搓揉到起泡泡**，再將整件內褲放到洗衣板上搓洗。如果沒有洗衣板也無妨，用手搓就可以了，內褲就那麼小小一件，不必擔心小朋友搓不動。而穿在裡面的內褲，通常不會髒到哪裡去，因此也不必硬要孩子搓上好一陣子，整件都搓到起泡泡就差不多了。這時再把水打開，在水龍頭下來回搓洗，尤其要記得再把褲底翻上來搓揉沖洗，直到整件內褲的泡泡都沖乾淨就可以了。好了，把水關掉，**把內褲擰乾**，可別忘了洗完澡時拿出去晾起來喔！

② 洗襪子

不像內褲大半是在洗澡的時候脫，襪子有可能隨時脫下，還有可能製造一個常見的家庭大戰：隨處亂丟！因此我們家一直有個集襪籃，一方面不必在洗衣時還要費神把襪子挑出來，另一方面也有個規範：「沒丟在定點的會受罰。」不過，在此要順便提醒爸媽們，無論是置衣籃或集襪籃，最好都是透氣防水材質的，並且要求孩子，只能丟進乾的衣物。像常打球的兒子回家時，衣服多半是全溼的，就要先泡在臉盆裡，沖完澡後再洗起來。現在很多媽媽也是忙碌的職業婦女，萬一無暇天天洗衣服，就需要大家多合作，這其中當然包括自己洗襪子囉！

洗襪子通常需要泡一泡，但是也不能泡太久，否則襪子容易彈性疲乏。既然要泡，獨泡泡不如眾泡泡，因此建議等全家人都回來洗完澡後，將換下來的襪子一起洗，這樣可以節省肥皂粉。如果家中是盆浴，剛好可用洗完澡的水來泡，還可以省水呢！泡的時候要記得把襪子翻成正面，所以請大家養成好習慣：脫襪子時就翻成正面。如果是手洗，請爸媽千萬不要加含氯的漂白水，很傷手的。肥皂粉不必太多，只要一點點讓污垢能分解出來就好。泡個二十分鐘就可以了，否則污垢又會回滲喔！這時水會變得黑黑髒髒的，當然不能拿來洗，因此要先把這些髒水倒掉。之後再加入一些清水，把襪子抓一抓，讓髒水再稀釋後倒掉，然後拿起襪子擠掉一些水再放回臉盆，拿張小板凳坐下來，就可以準備上肥皂了。

通常襪子最容易髒的地方是襪底，因此肥皂當然就是塗在這

裡。可以把襪子套在左手，讓襪子剛好在左掌心的位置，再用右手塗肥皂就容易多了（圖18-1）。肥皂不必塗太厚，刷一次過去就好，建議先把所有的襪子都塗好肥皂，再開始搓洗。橫向抓著襪子，也就是左右手各抓著襪子的開口和腳趾尖處，就像搓內褲一樣，兩手來回搓揉；或將洗衣板放進臉盆中搓洗，尤其要針對髒污的地方多搓幾下。還是一貫作業，將所有的襪子都搓完泡泡，再開始清洗。浴室的洗臉槽是清洗襪子的最佳場所，將所有的襪子倒進去，打開水龍頭，然後將襪子翻一翻、抓一抓，泡泡就能很快地隨著水流

圖 18-1

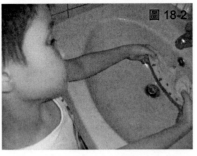

圖 18-2

掉。水不必開太大，並且記得下水口要保持暢通，否則泡泡會浮上來，反而沖不掉。沖得差不多時開始個別作業，把每隻襪子在水龍頭下再澈底清洗最後一道，順便檢查看看還有哪裡沒洗乾淨（圖18-2）。最後，把臉盆洗乾淨，清洗完的襪子就丟進去，最後就是擰乾，準備拿去晾了。

③ 洗手帕

　　洗手帕跟洗內褲類似，也不需浸泡，只要打溼，在髒的地方上肥皂、搓一搓、沖乾淨、擰乾、攤開晾起來就好了。如果爸媽想讓孩子循序漸進，或是孩子還太小，那麼由洗手帕先入門，再到洗內褲、襪子，這是不錯的進階方式呢！

　　雖然看起來洗個手帕、襪子和內褲要花不少時間，但實際上做起來熟能生巧，其實每天頂多花個十分鐘就夠了。內褲和手帕輕薄短小，且屬個人穩私，應該訓練孩子自行負責，可以在每天洗澡時一併完成。至於襪子，如果嫌洗個兩隻太過瑣碎，倒可以採值日生制。也就是全家包含爸爸、媽媽，每天輪一個人洗全家的襪子。但可別因為瑣碎就讓孩子豁免，尤其上了小學以後，至少週末假日也該讓孩子試試看，通常孩子會因此而比較有責任感，也更能體悟到父母操持家務的辛苦。每天十分鐘，今天就教孩子自己洗手帕、襪子和內褲吧！

烤箱烤箱烤得香！

19

② 中寒

話說每天從早到晚的三餐，父母都費盡心思，要怎樣才能讓孩子吃得好又吃得巧。尤其現在孩子生養得少，每個都是捧在手掌心的寶，供養太過周全的結果，往往把孩子的嘴養叼了，這不吃那不吃的，加上現在多半是小家庭，媽媽大多是職業婦女，每天下了班還得忙活一家大小，套句我自己的感言：什麼蠟燭兩頭燒，根本就是整根都在燒！大家一起吃時還算好，孩子吃了些什麼，吃多吃少都看得到，但是不在身邊時呢？也許正餐帶個便當，份量菜色都還能掌控，但是往往除了正餐，孩子還要吃點心呢！放在安親班或褓姆家的有人準備，那麼自己回家的孩子吃什麼呢？最常見的八成就是麵包牛奶、牛奶麵包，反正也有很多口味嘛，可是吃久了難保孩子不哇哇叫：「我不要再吃麵包牛奶了啦！」真是傷腦筋，這時還有些什麼替代選擇呢？

其實隨著時代演變，食物一定要現煮的傳統觀念也面臨挑戰；現在標榜急凍保鮮的冷凍食品，可能多得超乎你的想像，不

信有空到超級市場的冷凍櫃瞧瞧，包你大開眼界。也許爸媽們會質疑這些冷凍食品的口味和處理過程，實際上快速冷凍的確是保鮮的理想方式，這從精子、卵子都以冷凍保存可得證。當然也許各家處理過程略有差異，但以現在的科技而言，冷凍食品的安全衛生應該都有一定的保障。至於口味呢，以我家多年來的親身經歷，無論中式西式都不錯喔！而且物美價廉，只需自己動動手，有些甚至不輸大餐廳的昂貴大餐呢！因此對繁忙的現代人來說，冷凍食品不失為解決民生問題的替代方案，對父母親來說，也是解決小朋友吃的另一選擇。我們家的冰箱就常常冷藏室沒幾樣東西，冷凍庫反倒是滿滿的，有一次颱風來停電，靠著平日冷凍庫的存量，還能吃燭光晚餐呢！冷凍食品多半以微波、烤箱處理或蒸一下就可以進食，以微波處裡的有義大利麵、炒飯等，而微波爐的使用在前面已介紹過。蒸的冷凍食品則有包子饅頭等，對已經學會怎麼煮蛋、煮湯圓的小小生活高手而言，蒸食物的技巧絕對是不成問題的啦！在以後的文章中將會再加以介紹。至於也能處理多種冷凍食品的烤箱，就是我們這次的重頭戲囉！學會怎麼使用烤箱後，小朋友就能自己調理最愛的薯條雞塊，甚至還能自己做 pizza 呢，趕快來學吧！

本次任務：使用烤箱

- 💛 **基本能力**：能以筷子夾食物為佳。
- 💛 **基本原則**：遵從指示，小心為上。

♥ **準備事項**：烤箱是本次主題的必要工具。也許家中已經有現成的，那麼就要請爸媽們看看是哪一種。通常烤箱不外專業和普通的兩種：專業的就是有分上火下火，還可設定溫度，能烤蛋糕麵包，製作各種糕點的；普通的則沒有溫度設定，有的甚至也不分上下火，只能開或關。在外觀上，專業的通常比較大，普通的相較之下則小多了，小朋友都可輕易抬得動。如果家中還沒有烤箱，那麼建議先買個介於簡單和專業之間的，怎麼說呢？通常專業級的較耗電，傳熱較慢，一旦熱了降溫也慢，對小朋友而言，較易產生危險。但是普通的如果是幾百塊錢就能買到的，往往很小型，並且後背是斜的，這種的功能有限，並且大一點的盤子就放不進去了。在此推薦的烤箱介於前二者中間，外觀上方方正正，後背不傾斜，溫度雖然不能設定，但有分上下火，裡面的空間也容得下一隻中型烤雞，價錢則差不多千把塊（圖19-1）。這種烤箱進可攻退可守，平常小朋友可自行操作，哪天媽媽心血來潮，要烤個簡單的海綿蛋糕也可以喔！

圖 19-1

烤箱選定之後，放的位置也要注意，通常為了散熱，烤箱後背不能貼著牆，而為了怕不小心燙到，前面也不要貼著桌邊，最好都各有約十到十五公分的距離。烤箱加熱後，周圍的溫度會上升，因此旁邊不要放置如塑膠類等不耐熱的物品，使用時則

一定要記得把烤箱上面清空。而為了拿取烤好的食物，記得準備一雙隔熱手套，一雙長筷子或夾子也很好用喔！

步驟說明

使用烤箱處理食品最重要的是一定要詳細閱讀食品外包裝的說明，至於處理的程序則不外乎將食材放入烤箱→設定溫度→烤完取食，分別說明如下。

① 將食材放入烤箱

以烤箱處理食品時，除非特別註明，否則包覆的塑膠膜或紙應該都要拆除。如焗飯等有汁液的食品，則需要取出來改置於家中的容器，容器要能充分盛裝食品，否則食物烤熔之後會溢出來。材質方面，瓷器是很好的選擇，萬不得已金屬的也可以，但絕對不能用塑膠的。雖然烤箱都會附烤盤，但是金屬烤盤加熱後會很燙手，並且面積大拿取不易，因此不建議將食物直接放在烤盤上。以容器盛裝食品時烤盤可以拿出來，而像雞塊薯條等可以直接放在烤架上，就可以將烤盤放在烤架下面承接碎屑。但是塊狀的雞塊也許沒問題，細長條的薯條則要與烤架成垂直擺放，才不會掉下去，像我兒子都還是放在烤盤上，因此就隨個人方便吧！烤箱的烤架高低通常能調整，放進食材的時候最好讓食物上下的空間差不多，這樣受熱才會均勻，不會上面都已經烤焦了，下面卻還涼冰冰。雖然烤箱最好能預熱，但為了安全起見，還是請孩子把食材安放妥當後，再開始加熱吧！

② 設定溫度

　　如前面所提，有的烤箱能設定溫度和上下火，有的則不行。可以設定的就參考食材包裝的說明設定，否則基本上大部分的冷凍食品其實都已加工煮熟了，只需要烤酥，因此一開始可以設定在一百度到一百五十度，上下火全開。至於烤的時間長短則要看食物的量和溫度，以雞塊和薯條為例，可以先設十分鐘，烤箱的門大半是透明的，可以在約六分鐘時看一下烤得怎樣了，當然要小心，別把臉湊得太近烤箱喔！而能調上下火的烤箱，則可以視食材烤的狀況調整，像是千層麵就需要上層多烤一下，cheese 才會金黃香脆，所以下層熱透時就可以關掉下火，只留上火繼續烤就行了。碰上食材太厚或太多，一時烤不透，這時併用微波爐就很理想，先用微波爐加熱一下再放進烤箱，省時又方便。無論是用微波爐或烤箱，通常聞味道是最準的，食物差不多熱了時，味道就出來了。無論如何，在烤的過程中，最要注意的是別讓好奇的孩子太靠近烤箱，尤其不能去碰觸，除了事前嚴正的說明警告外，也可以放個牌子在烤箱前提醒，寧可多一分防備，也不可稍有疏失。

③ 烤完取盒

　　「叮！」的一聲，烤好了！小朋友們一定會全都跳起來衝到烤箱旁邊，這時一定要大聲提醒：「不可以碰烤箱！」通常烤箱的門以往下拉的居多，因此開門時熱氣會往上冒，小心別讓小臉蛋湊在旁邊。將隔熱手套準備好，打開烤箱時，手要切記不可

在烤箱門的出口處，好了，大家退後一步，「哇！」，看到金黃
酥脆、香氣四溢的薯條雞塊，孩子們的口水都要滴下來了！別急
別急，要慢慢地把雞塊夾出來，用長筷子或是夾子一塊一塊地
夾，由大人先示範如何夾取才不會掉落或碰到烤箱，然後讓孩子
輪流試試看。薯條如果是用烤盤烤的，最好也是夾到盤子上，否
則就要請大人幫忙把烤盤拿出來。至於以容器裝的食材，由於容
器也烤得熱呼呼的，因此家中有大人在時就請大人代勞，否則可
到烘焙器材行買拿取烤盤專用的夾子，在烤箱未使用時就請孩子
先練習，再進一步於烤完時看著孩子實際操作幾次，才能確保安
全。即便是用烤夾，最好還是
拿一個淺盤放在烤箱開口旁，
將烤食的容器夾出來後放在上
面，會比較好拿，也可避免進
食時燙傷（圖 19-2）。總之，
烤箱能將食物烤熱，也能將手
燙傷，因此不可不慎。

圖 19-2

　　就像使用微波爐一樣，難免有家人再怎樣就是不放心讓孩
子操作烤箱，那麼請務必不要勉強。而使用烤箱上手之後的小朋
友，在烤膩了薯條雞塊之餘，最後試試自己做 pizza 吧！請媽媽
幫忙準備厚片土司、火腿片切丁、鮪魚罐頭、玉米粒、番茄醬和
焗烤用的乳酪絲。取一片土司，均勻塗上番茄醬，上面放上火腿
丁或鮪魚片，再撒上一些玉米粒，最後在上面鋪一層乳酪絲，好

了,可以放進烤箱了。依據烤箱的容量,放進剛好夠烤的片數就好,不必先將所有的土司都加料放著,放久了番茄醬會滲進土司,就不好吃了。將上下火全開,大約烤個十分鐘後將下火關掉,只留上火繼續烤個三到五分鐘,看到乳酪絲轉為金黃色就可以了。雖然不是真正的 pizza 餅皮,但是比起動輒好幾百元的 pizza,口味也不差喔!趁著週休二日,全家一起做做看吧!

文具玩具 回家囉！

20

1 初平

看到這次的標題，爸爸媽媽們可能要懷疑是不是看錯了——什麼？這次要學怎麼收玩具和文具？對於已經身懷絕技的小小生活高手們，大概會有點不屑於執行這麼簡單的任務。不急不急，先請爸媽和大小朋友們坐下來喝口茶，回想一下，小朋友們平常有收玩具和文具的習慣嗎？又是幾歲開始收玩具的？什麼時候收？又是怎麼收的呢？收好之後下次能很快找到要找的東西嗎？……嗯，這個看起來簡單的主題，好像突然變得有點複雜。別擔心，這些問題都沒有標準答案，實際上，有些家庭甚至爸媽和小朋友們都答不出來，只有阿公阿媽和菲傭最清楚，為什麼？因為都是他們在收的呀！

究竟為什麼在已經學到像煮湯圓、用烤箱之類的高段任務之後，還要倒過來學這雞毛蒜皮的雕蟲小技，這可要換我想當年了。大學時常會趁空在家幫媽媽一起帶小外甥，印象非常深刻的是，有一回媽媽請他收玩具，一如大多數的小孩，外甥就是拖拖

拉拉，有一搭沒一搭地收。有些大人也許受不了就自己收了，或是阿媽疼外孫的就算了，但是媽媽可不，她抓著外甥的小手，硬是讓他彎著腰，把一樣一樣的玩具都收拾乾淨，而當時的外甥只有一歲多。當年也許不是很懂媽媽的堅持，但之後看過許多家庭的玩具大戰，尤其是自己當了媽媽之後，更深切體認到這種堅持的必要，因此也曾經像媽媽一般，拉著兒子的手收拾玩具。家中一度有菲傭，我還是要求兒子要自己摺衣服、收拾書包玩具等，並且自己上下學──傭人不可能請一輩子，收拾自己的衣物用品是基本的生活自理能力，並能由此培養孩子對自己的事務負責的態度。即便孩子學了再多的才藝，如果無法具備基本的生活自理能力，仍然稱不上是小小生活高手，因此就請大家回到原點，一起來收拾玩具和文具吧！

🏠 本次任務：收拾文具和玩具

- 💜 **基本能力**：雙手能拿取物件即可。
- 💜 **基本原則**：分門別類，簡單明確。
- 💜 **準備事項**：既然是收拾文具和玩具，父母當然要準備適當的容器和空間，分別看看需要些什麼吧！
- 1. **文具**：小朋友的文具有哪些？大家的直覺應該是鉛筆、橡皮擦。其實文具範圍廣泛，就以筆類來說，除了最常見的鉛筆、原子筆之外，還有畫圖的水彩筆、彩色筆、色鉛筆，寫書法的毛筆等也是。除此之外，像是尺啦、筆記簿等也都是文具。簡單來說，走進文具店可以買到的東西，都可以說是

文具。這樣算起來有點可怕，因為現在的孩子可不像以前，各種文具都只準備必要的，我曾替女兒數過，光是尺就有近十支，橡皮擦更是一堆，鉛筆當然更不用說了，還有鉛筆盒也是十來個吧！所以囉，這一票文具，至少需要個小抽屜，或甚至是個大抽屜。如果只是把這堆文具一股腦兒地通通丟進去，可就不叫收拾了，因此爸媽們可以先將文具區分為家庭共用的和個人使用的兩大類，共用的由爸媽管理，孩子只要打理個人使用的就好。如此不但可避免孩子們同時使用時你爭我奪，並可以訓練孩子規劃和收拾自己的事務。對於孩子個人使用的文具，則可以再區分為常用的和不常用的，常用的像是筆、橡皮擦、尺、立可白、剪刀等，可以到大賣場買一個桌上型抽屜組，不必太大，正面寬度不超過二十五公分、頂多兩、三層抽屜就好，就可以分門別類放整齊（圖20-1）。對學齡前的小朋友，則何妨拿個筆筒放在桌上，將這些常用文具全部放在裡面，會比較方便他們整理和使用。至於水彩、蠟筆、硯台等不是那麼常用的文具，則適合收

到抽屜裡，可以在平常留些餅乾紙盒，最好是長形的，並且是上方開口的最好，以這些容器在抽屜裡排列組合，就可以收拾各種文具了。

圖 20-1

2. **玩具：**收拾玩具的方式和場所，可能取決於很多因素。小女生的芭比娃娃或是小男生的模型汽車，如果爸媽覺得放在櫥窗也很好看，那麼可能就不需要收在櫥櫃裡。而像兒子的一個朋友，家中的玩具都是收在原來的包裝盒中，再依媽媽的分類，一盒一盒放在不同的架子上，找的時候很清楚，但是收的時候就要花點功夫了。至於另一個朋友家的玩具，則是不論大小種類，反正通通往一個大紙箱扔就對了；相對地，這家收玩具的時候很迅速，但是要找個東西，則往往得把整個紙箱翻過來。另外還有一家家教森嚴，無論任何玩具，都要收到昂貴的紅木櫃中的大抽屜裡。因此，如何收拾你們家的玩具，可能需要爸媽和孩子一起討論。但無論如何，除非情況特殊，否則大概都可以以玩具的數量和類別來分配適合的收容場所和容器。許多大賣場有賣的組合式塑膠抽屜櫃，是我最常推薦給父母親的理想儲物設備。從衣服到玩具、文件，只要放得進去的都可以。除了抽屜有不同規格，還可以自由堆疊，配合各種不同空間尺寸，同時防水防潮，又不怕碰撞，因此可以是收拾玩具文具的優先考量用品。其次則是塑膠網籃，同樣具備各種尺寸形狀，一般會以長方形的較好用，收拾好之後可以再放進櫃子，並且有空隙可以透氣，比較不致於藏污納垢。此外大型又量多的物件，像一大堆的絨毛玩偶，則不妨考慮以大塑膠袋或是大紙箱盛裝。

🦈 步驟說明

① 分門別類

　　無論收拾文具或玩具，第一個步驟都是**分門別類**。如何分則最好以孩子的意見為主，父母再從旁提出建議，畢竟玩具主要是孩子在玩，收拾也最好以他們認為清楚方便的方式為主，否則最後很可能又淪為出主意的父母親大人去收。分門別類的原則是物以類聚，請孩子先將同性質的歸在一起，因此在文具方面，寫字的鉛筆、原子筆會是一類，至於蠟筆、水彩、彩色筆等，則可以歸為美術用品類，其他像鉛筆盒放一堆，橡皮擦也放一堆。而玩具方面，各種車子算是一類，各式各樣的球放一堆，而像樂高等建構玩具，剛開始買可能只有一小盒，可是像我家累積了近十年的戰果，則雖然歸為一類，但可能需要好幾個有分隔的盒子或抽屜再進一步做細的分類了（圖20-2）。

圖 20-2

② 選擇適合的容器

　　依分類好的玩具或文具數量和性質**選擇適合的容器**，沒有現成的也可以自己製作。文具方面，像是筆適合長型的容器，就以

前面提到的餅乾盒裁掉上面一半，剩下半邊以膠帶將缺口黏合，記得高度不要超過放文具的抽屜。以此類推，可以製作出不同尺寸、適合各種文具的大小盒子，再將它們放到抽屜裡，像玩拼圖般挪一挪，找出最適合的擺放方式，就可以將一大堆零碎的小文具井然有序地收拾在一個抽屜裡。其次，將美術用品歸在一個抽屜裡，簿本書套等尺寸差不多、性質也相近的，也可以放在同一個抽屜。文具最好放在同一座櫃子裡，剩下的抽屜則可以放玩具的說明書，或是光碟等性質與文具相近的用品。

至於玩具方面，如果是收在分層的櫃子裡，要注意將積木等重的玩具放在下方抽屜，並且要注意將玩具攤平，讓抽屜能順利開合。無法容納於一個抽屜的要再細分，多於兩個抽屜的玩具就要考慮改用網籃或紙箱，但是有細小零件的玩具，就不適合使用有空隙的網籃了。將所有的玩具依數量放進適合的抽屜或容器裡之後，難免還是有些零碎無法歸類的小東西，就將它們歸為雜項吧！而有些玩具有小配件，

圖 20-3

像是芭比娃娃的鞋子，彈珠超人的彈珠等，這時底片盒或是吃完洋芋片的空筒就很好用喔！將這些相關的配件放進去，一起放在同一個抽屜，就不會找不到了（圖 20-3）。

③ 將收好的玩具文具就定位

　　最後，讓收好的玩具文具就定位吧！如果是整座的組合式櫃子或抽屜的，可以在抽屜外面貼上標示牌，註明裡面的物件名稱。至於單獨裝在紙箱或是網籃的玩具，如果有壁櫥，便可以放到裡面，否則可以沿著牆邊放，就不會占位置了。

　　文具玩具收拾好之後，如果不能按時收拾，一陣子之後還是會天下大亂。並且隨著數量的增減、使用的方便性等，有時也需要為玩具文具搬搬家。無論是整理玩具或是調整位置，還是要提醒爸爸媽媽們，讓孩子自己來吧！總是要讓他們學會整理自己的東西。但是倒可以與孩子約好，一個月左右必須好好整理一次，並且讓父母檢查，如此便可兼顧孩子的自理與父母的管理。每天晚上睡覺前，別忘了提醒孩子，就像每個人都有家一樣，要讓玩具文具準時回家喔！

元寶進門，全家長壽！ 21

② 高寒

　　才倒數完「5、4、3、2、1……Happy New Year!!」的新曆年，緊接著就是發紅包的舊曆年。當然最高興的還是小朋友囉——才剛拿完聖誕禮物，沒多久就又放寒假拿壓歲錢，太棒了！碰上過年，當然要讓辛苦了一年的爸媽們見識一下小小生活高手的成長。除了已經會煮團圓美滿的元宵，當子夜的鐘聲響起，小小生活高手這次可要露一手，煮個象徵元寶的水餃與大家分享，祝福全家招財進寶！

🏮 本次任務：煮水餃

- ❤ **基本能力**：已經會用瓦斯爐燒開水的小小生活高手們。而還不會的大小朋友們，也可以參考第十一項主題喔！

- ❤ **準備事項**：要煮水餃當然要先請爸媽準備水餃囉！一般市面上的水餃不外乎現包的與冷凍的兩種，其中冷凍水餃不但在超市、便利商店四處都買得到，而且各種口味應有盡有，品牌多

到十個手指頭都數不完，甚至還有已經幫你煮好的熟水餃呢！建議爸媽不妨就在超市買包冷凍水餃，讓孩子先練習練習，否則等到大年夜才第一次上場，萬一稍有不妥，全家雞飛狗跳的，可要壞了過年的氣氛。至於現包的水餃，如果全家能一起包，當然是幸福無比，而煮過冷凍水餃再來煮現包的，就更容易上手了。在工具方面，撈水餃的漏杓是一定要的，但是不同於煮蛋或是湯圓的中型鍋，這次要請爸媽準備個深一點（至少二十公分高）的鍋（但鍋的直徑不必太大），會比較適合煮水餃。

步驟說明

煮水餃不外乎燒開水→下水餃→起鍋，但是真的有這麼簡單嗎？我們就一步一步做做看吧！

① 燒開水

煮冷凍水餃時不必先退冰，先把水燒開。由於鍋子變大了，所以要特別留意，確定鍋子放穩了再開火。水的量跟煮的水餃個數成正比，換句話說，水餃煮愈多個，就需要愈多水，原則上以兩個水餃一飯碗的水當比例，只可多不可少。一開始先煮十個試試看吧，這樣大約放五個飯碗的水。可以先開大火燒開水，等到水快要燒開時調成中火，再把水餃拿出來，同時把撈水餃用的漏杓準備好，並且放個盤子在旁邊。

② 下水餃

　　不管是煮什麼，對於小朋友，甚至是不常煮東西的大人來說，把食材丟進滾燙的開水或是冒著煙的鍋中都是一大挑戰。因為害怕，所以他們往往會把東西拿得高高的，實際上這樣反而更容易激起水花，因此更危險。只要把火轉小一點，讓開水翻滾的泡泡平靜下來，然後把水餃拿到離水面約五公分高處放下去（不是丟下去喔），這樣既不會燙到，也不會激起水花呢！如果真的還是鼓不起勇氣，那麼就把水餃放在漏杓上，再把漏杓放進開水裡，就萬無一失啦（圖 21-1）！把水餃都放下去後，就像煮湯圓一樣，要輕輕攪一攪，以免水餃黏在鍋底。這時要將火調回中大火，由於麵食類煮時容易冒泡泡，所以可以不必蓋鍋蓋，一下子水就會開了，這時若是水面上泡泡冒得凶，就把火調小些。水餃究竟要煮多久呢？以往煮水餃或下麵條都需要點三次水（也就是水開了再加冷水再燒開，這樣來來回回三次），但是現在的水餃一方面皮都很薄，一方面都不是很大顆，因此大部分都不需要這麼繁複。不過各家水餃煮的時間長度不一，還是請爸媽幫忙參考外包裝的說明，會比較準確。

圖 21-1

③ 起鍋

　　除了參考包裝上的說明外，其實不管是哪一家的水餃，要知道煮熟了沒有，只要看看有沒有浮上來，還有瞧一瞧水餃皮就知道了！快煮熟時，水餃會浮上來，但是可別急著馬上就撈起來。生的水餃皮是白色不透明的，煮熟時會變成半透明，但是要等到水餃邊緣的皮都有點半透明了才能起鍋，尤其是冷凍的水餃，否則邊上的皮會半生不熟的，難以下嚥。如果是現包的，可能煮的時間可以短一點，但是也要確定整個都熟了才好吃喔！

　　看著一個個白白亮亮的元寶浮在鍋裡，趕緊撈起來吧！先把火關掉，拿著漏杓小心地一個個把水餃撈上來（圖21-2），

哇！熱呼呼的，在寒冷的冬夜裡令人覺得好溫暖，小小生活高手先品嚐一下——嗯！不錯不錯，好吃好吃！今年的大年夜，大家等著我的金元寶！

圖 21-2

你挑我揀 吃好菜

22

③初平

每天放學回家後，小孩要嘛寫功課，要嘛看電視，媽媽呢？忙煮菜呀！這是不是你家裡的畫面？有一回女兒問我：「妳什麼時候開始會煮菜的？」一時之間還真想不起來，因為以前媽媽做菜時，我們總會在一旁幫忙，洗個菜、切個豆腐，這時母女閒閒地聊著，不知不覺菜就煮好了，學會煮菜也就在這不知不覺間吧！換成自己當媽媽後，兒女也很喜歡在我做菜時來參一腳，幫忙打個蛋啦、揀個菜啦，廚房對我們而言，是愈大愈好的樂園。但是在某些家庭，廚房可是禁地，孩子是不得其門而入的。其實孩子很願意幫忙，媽媽也可以因此不必一個人忙得團團轉，這時孩子能學到很多，又能增進親子感情，何樂而不為？可是有的媽媽還是寧願把自己累死，只因為怕小孩會愈幫愈忙，解決之道其實很簡單：好好教他呀！這次就試試從基本的揀菜做起吧！每天和孩子一起揀揀菜，等到炒好上桌時，孩子一定會覺得特別香而多吃兩口喔！從今天開始，就和孩子一起揀菜吧！

本次任務：揀菜、洗菜

- ♥ **基本能力**：能以食指、拇指捏緊物件即可。

- ♥ **準備事項**：蔬菜種類繁多，要讓孩子學揀菜，先不要選高麗菜等葉脈粗厚，並且葉片層層包覆的種類，而需要以藕斷絲連法（也就是不將莖完全折斷，藉此撕除外皮的手法）去除外膜或是硬脈。而像是四季豆、西洋芹這類的蔬菜，則不妨當成揀菜的進階內容。先讓孩子由簡單的葉菜類上手吧！像地瓜葉、Ａ菜、小白菜、空心菜、菠菜等都是很適當的選擇。至於揀完菜後的洗菜階段，像我一樣習慣邊沖邊洗的需要準備個洗菜盆，通常是圓形或是長方形、大約十來公分高的塑膠網籃最適合，以便讓菜上面的泥土能在沖洗時由網籃的縫隙流掉，才能把菜洗乾淨。也有媽媽主張要先把青菜根部朝下浸泡在水裡一陣子，讓泥土自然溶出後再沖洗，這時可能就需要多準備一個水桶或臉盆，總之就以媽媽習慣的方式來教孩子吧！

步驟說明

① 揀菜

　　揀菜的原則可想而知是把老去枯黃或是有蟲咬等損傷的葉子摘除。如果是根部相連的叢狀葉菜，像Ａ菜、菠菜……等，通常發黃的老葉都在外層，因此只要手握根部，檢查一下就可以發現。這時要注意，孩子通常只會捏住葉片撕除，而這樣只會把葉片扯爛，因此要請他捏住莖部的連結點，也就是葉脈的根部，

才能將整片老葉摘除（圖 22-1）。而如果是一葉一葉散開式的蔬菜（像地瓜葉等），則只要將黃葉挑出就好。至於蟲咬等損傷的葉子，則可能分布在葉子的任何部位，

尤其是葉心最嫩的部分，像是茼蒿往往就會在翻開外葉後，發現最裡面的嫩心有蟲咬或是蟲卵。因此，這時可能要請較大的孩子或是爸媽留意檢查。但是不必刻意提醒孩子菜有蟲，否則膽小的孩子會緊張兮兮的，而膽大的孩子則可能情緒高漲地把所有菜翻爛，只為了找到「可能有」的那條蟲。揀完的菜記得要與還沒揀的分開放，可以將還沒揀的放在報紙上或塑膠袋中，揀完的就放到洗菜籃，這樣就不會弄混了，並且記得把菜的頭尾一致順好，不要橫七豎八地亂放，這樣等一下會比較好洗好切喔！

② 洗菜

　　無論是浸泡或沖洗，建議都是洗完後再切。常看到自助餐店洗菜時，多半會先把菜切好才洗，如此一來，蔬菜中水溶性的維他命 C 會由切口處隨著水流失，喪失了蔬菜的營養。此外，為了分解農藥，媽媽們有時會以鹽水或是蔬果專用洗劑浸泡蔬菜，事實上如此並不能分解掉農藥，反而會使菜葉容易變得軟爛，炒起來就不那麼鮮脆爽口了。最好的方式還是以流動的清水沖洗，如要浸洗蔬菜，要讓菜的根部泡水，使泥土軟化，並以手稍稍疏通

一下菜根，讓沾黏的土溶入
水中，輕輕抖一抖之後將菜
拿起來，把水倒掉，再開水
沖洗。這時要讓菜倒栽蔥，
也就是根在上葉在下，這樣
根部的泥土才能沖乾淨。洗

的時候將葉片抖開，雙手捧著，上下輕輕震動，尤其是根部要以
手指掰開，讓水能充分穿流過每個部位（圖 22-2）。記得把下面
的菜葉翻上來，才能讓所有的葉子都沖洗到。原則上除非太髒或
是葉片很大，否則不必刻意一片片以手指揉搓，並且提醒孩子動
作輕柔，否則洗完之後葉子可能就傷痕累累，慘不忍睹。

　　無論孩子洗得如何，記得謝謝他的幫忙，同時建議他下次如
何洗會更好，這樣才會有下次，而在這下次的下次之中，相信孩
子也真的會愈做愈好喔！

我愛環保，垃圾拜拜！ 23

3 初 平

　　記得自己當孩子時，雖然不必像爸媽們小時候一樣，需要餵豬、挑水，甚至下田幫忙，但至少仍得幫著洗碗、燒開水、拖地等等，哪像現在的孩子，十個有八個都是五穀不分、十指不動。有鑑於此，許多幼稚園、小學等在每天要請家長簽名的聯絡簿上，多了一欄所謂的「做家事」，用意在於請家長每天督促孩子幫忙做些家事，結果呢？……據我由孩子同學的家長所得的非官方統計顯示，小朋友做的家事最常見的是倒垃圾，其次則是擦桌子、掃地等。要說煮飯、燒開水等說來也不算難的家事，會做的還是寥寥可數。因此有些小學開始研擬，低中高年級的孩子分別應該具備哪些生活技能，說不定將來會像全民英檢一樣，需要檢測認證呢！談到小朋友最常做的家事：倒垃圾，雖說小朋友們願意去處理又髒又臭的垃圾，也應該要感動一下，實際上呢？…… 別傻了，孩子通常只是拎著大人們綑紮妥當的垃

坆，把它給「丟」到垃圾集中處罷了。那麼到底要如何才能確實
有效地收拾垃圾呢？且看這回的小小生活高手吧！

本次任務：收拾垃圾

- ♥ **基本能力**：能分辨垃圾類別，並聽懂指示即可。
- ♥ **基本原則**：珍惜資源，分門別類。
- ♥ **準備事項**：由於目前絕大多數的地區都實施資源回收，因此真
  正的垃圾——也就是除了能回收的資源之外，真正要丟棄的東
  西實在是沒有多少。所以談到收拾垃圾，除了實務上的行動之
  外，父母們更重要的任務是灌輸觀念、以身作則，讓孩子從小
  具備惜福愛物的觀念與習慣。

  一般家庭的垃圾大致可分為回收資源和廢棄垃圾兩大類。在收
  拾垃圾的實際行動上，原則上家中每個房間最好都有垃圾桶，
  以便收集個人的廢棄垃圾，否則至少客廳和廚房這兩個地方一
  定要有。垃圾一定要乾溼分離，像我家只有廚房的垃圾桶可以
  丟溼的垃圾，丟在其他地方一定會被唸到臭頭。就回收資源部
  分，一般家庭較易產生的不外乎紙類、塑膠類和瓶瓶罐罐。就
  此建議準備三個紙箱，一個至少四開紙大小、深十五公分以
  上；一個則為長條形、深至少五、六十公分，第三個則像電腦
  主機般大小，將它直立起來，並套上個大塑膠袋。可將這些回
  收用的紙箱集中擺放在全家人都方便丟棄的場所，像是陽台。
  好了，準備好以上這些器物，就可以將家中的垃圾收拾得乾乾
  淨淨囉！

🥘 執行步驟

① 回收資源

1. **紙類**：只要是不要的廢紙，就攤平放進四開紙大小的紙箱吧！滿了再拿繩子綁好，就可以拿去回收啦！

2. **塑膠類**：乾淨的塑膠袋或是包裝外層的塑膠膜，都可以丟進上述的第三個紙箱中。由於已經套上個大塑膠袋，所以滿了也是拎起來就可以回收了。

3. **瓶瓶罐罐**：就丟進最深的那個紙箱中吧！由於深度夠，一陣子才需要回收一次呢！為了方便回收，可以將環保局發放的超厚大回收袋套在裡面。但是要記得，先將瓶罐沖乾淨再回收喔！

4. **其他類**：有些數量不是那麼多，但也可以回收的資源，像是保麗龍可用個袋子裝起來，而像是舊燈管、磁片、電池等會產生有害物質，本來就需要分開回收。可以先將長燈管擺在牆角，燈泡則和磁片、電池裝成一盒即可。

5. **廚餘**：如果家中開伙，就難免會有廚餘。不像其他「乾貨」，廚餘如果不能每天回收，可能就會很有味道。這時不妨準備兩個有蓋的保鮮盒，分別裝果皮菜梗等「堆肥廚餘」和剩菜剩飯或過期食品等「養豬廚餘」，再放進冰箱的最底層，如此便不會在夏天時招惹蚊蠅蟑螂等家庭寵物，萬一趕不上垃圾車時也不致於會「香」味四溢了。由於加了蓋子，且放在冰箱底層，更不必擔心會和一般食物混雜在一起。

② 廢棄垃圾

　　既然能回收的都回收了，那麼家中還會有什麼垃圾呢？的確，頂多就是孩子的鉛筆橡皮擦屑，或是掃地的灰塵和一些小型碎屑等。以我家的經驗，除了廚房垃圾每天一定要收拾之外，其他的垃圾通常一個星期至十天才需要收拾，而且每次還得千方百計地四處搜尋，才能裝滿最小號的垃圾袋呢！

　　知易行難，小小生活高手的重要任務並不是幫大家收垃圾，而是要提醒鼓勵家中成員確實執行，當然自己更要先身體力行。每次喝完飲料，要記得馬上將空罐沖乾淨丟到回收袋中；信箱中的廣告紙或是用過的廢紙還有塑膠袋等，也要收拾好準備回收。餐前應該幫忙揀菜、洗菜，餐後則幫忙收拾餐桌，並記得把廚餘分別放進回收的塑膠盒。最重要的是在垃圾車來時，記得幫忙把分類好的垃圾拎出去丟棄或回收喔！晚上睡覺前，小小生活高手就成了小小巡邏兵，看看家中還有哪些垃圾沒有收拾好。也許一開始偶爾會忘了，需要大家互相提醒，久而久之，養成了好習慣，不過是舉手之勞罷了！因此只要能分門別類，多用點心，不但能讓家中常保清潔，同時也為環保盡一份心力，何樂而不為？

洗洗水果，營養好吃！ 24

ㄋ 初 ㄆ

到冬天，大家隨時都想來碗熱呼呼的湯，對於冷冷的水果可能有點興趣缺缺。其實水果營養豐富又可口，還是應該多吃，只是平常可能都是爸媽們將水果洗好、切好了，孩子卻愛吃不吃。隨著天氣漸漸暖和，何不換成讓孩子們來洗洗水果？有了成就感的小小生活高手，一定會因此愛上吃水果喔！

本次任務：洗水果

♥ **基本能力**：能將水果拿在手中，並能控制手的力道即可。

♥ **準備事項**：洗水果要準備什麼？——爸媽說要用洗潔劑、阿媽說要用鹽巴，嗯，小小生活高手說，其實只要準備一隻軟毛的小牙刷就好了。還有一種裡面附了網籃的塑膠盆也很好用喔！如果沒有，就準備一個高約十五公分左右的小型網籃吧！水果依需不需去皮食用，可分成兩大類：像是柑橘類的柚子、橘子或是香蕉等，都要先剝皮；荔枝、龍眼等則要先去殼；西

瓜、鳳梨、奇異果、木瓜、芒果等水果，則因為果肉包覆在一層厚的果皮或硬殼中，必須切開才能吃。而蘋果、梨子、香瓜等的果皮比較薄，削不削皮都可以。這些需要去皮的水果就不列入我們學洗水果的行列。

那麼小小生活高手可以洗哪些水果呢？

1. 表面光滑、外型圓潤，洗好就可以直接食用的水果，像棗子、番茄和蓮霧。

2. 需要剝皮才能食用的水果，例如葡萄。

3. 外型接近圓型，但是表皮並不平整光滑的，像芭樂、草莓和桃子。

4. 外型非圓形，表面也不平整，例如楊桃。

讓孩子學洗水果，可按上列順序進階。換句話說，先從第一類的棗子、番茄、蓮霧上手，再學洗葡萄，之後才洗芭樂、草莓、桃子，最後才學洗楊桃。

步驟說明

如同上次我們學洗菜一樣，水果最好也是完整洗好才切開，以免其中的水溶性維生素流失，並且是要吃前才洗，否則容易爛。有些水果像是芭樂、蓮霧，頭上都有一個像肚臍般的洞，這其實是由花結果時花萼萎縮留下的蒂頭，如果不剝除便很難清洗乾淨。這時可以將包覆的蒂頭輕輕撥開，將其中殘留的花萼、雄雌蕊（其實這些都已經變成一些細絲了）等雜物清除掉（圖

24-1）。同樣的像是番茄頭
上的蒂頭也可以先去除再
洗，但是注意不要太用力而
將果肉摳傷喔！

圖 24-1

1. 第一類的水果最好洗，
   只要整個搓一搓，洗乾
   淨就可以了。像棗子、蓮霧等因為果粒較大，一定要一顆一
   顆洗，但是像小番茄因為果粒小，通常會一大堆一起洗，洗
   完之後仔細瞧瞧，多半還是會有些髒東西黏在番茄上。這時
   何妨將小番茄全部倒進網籃中，開大水一邊沖一邊以手輕輕
   地攪拌幾下，大部分的髒東西就會隨著水，由網籃的縫隙流
   掉了。之後再將水關小，一次拿三、五個番茄再搓洗一輪，
   保證每個都乾乾淨淨。

2. 第二類的葡萄最好不要整串沖沖水就罷了，拿剪刀將葡萄一
   粒粒由蒂頭上方剪斷，才能將枝梗和果粒間的雜物清除。保
   留蒂頭的葡萄也不會在洗時裂開，讓髒東西跑進去。同樣
   放在網籃中，開大水先沖掉髒東西，接著撒一把太白粉或
   麵粉，不必太多喔！讓每個葡萄都均勻沾到粉，輕輕地翻一
   翻，搓一搓，再開水沖掉上面的粉，接著像洗小番茄一樣，
   三、五個一把地把葡萄再澈底洗一次，無論剝不剝皮，這樣
   吃乾淨又方便。

3. 表皮不平整光滑的水果（像芭樂、桃子等）可以先將水果沖
   溼，趁著表面還有水分，在手掌心放些粗鹽，將整個水果搓

一搓，可以快速清除水果表面的髒污，之後開水沖乾淨，就連桃子表面的絨毛都可以洗得乾乾淨淨喔！而換上軟軟的草莓，當然就不能拿起來搓，這時只要放盆清水，將草莓一個個輕輕地放進去。由於草莓中最豐富的維生素C是水溶性的，因此這時不要去除它頭上的蒂頭，草莓寶寶們會浮在水面上。放個三、五分鐘後，再將草莓一個個拿起來，哇，你會發現，水底留了好多髒東西呢！這時再將草莓的蒂頭輕輕剝除掉，在網籃裡快速地再沖沖水就 OK 了。

4. 輪到最麻煩的楊桃了，不僅外型不是圓形的，而且表皮也不光滑，怎麼辦呢？拿起小牙刷就解決了，將楊桃一邊沖水一邊刷，就可以將表皮還有縫隙都刷得乾乾淨淨，洗好之後再請大人們削邊、切片就可以囉！

洗好的水果往往溼答答的，這時只要倒入網籃中，上下震動幾下，就可以輕鬆地瀝乾水分，再倒進漂亮的水果盤中，端出去大家一定都稱讚不已喔！嗯，營養又好吃的水果，大家一起來嚐一口吧！

菜足飯飽，25 我來洗碗

ㄌ 中 ㄆ

雖 說現在週休二日，休息的日子已經比以往多，但是平常上班的上班、上學的上學，也是挺忙碌的。到了晚上大家總算能放鬆心情，享用一頓豐盛的大餐，只是愉快的饗宴之後，面對滿桌的杯盤狼藉，喔喔……傷感情的時候來了──誰洗碗？據說有的家庭就因此乾脆不開伙，或是買紙碗、紙杯充數。有的家裡則是採值日生制，輪到的摸著鼻子認了，有的則是比誰耐得住，受不了的當然就免不了邊洗邊罵。其實，洗碗真的有那麼難又令人不能忍受嗎？今天就讓小小生活高手來挑戰這項爸不疼、娘不愛的超級任務吧！

本次任務：洗碗

- 基本能力：能將碗穩穩拿住即可。
- 準備事項：洗碗要準備什麼？一般都會使用洗碗精，但是如果沒有沖洗乾淨，倒不如不用的好。其實以講求環保天然的趨勢

而言，洗米或煮麵之後剩下的水（煮水餃的水可不行喔，因為會有油）就是最好的洗碗精。留下洗米水，洗碗時加熱水調溫就很好洗，再用熱水沖一沖，保證乾乾淨淨。但是如果在夏天，洗米水在高溫下容易變質，就先拿去澆花吧！請爸媽準備一個大盆子，記得隨時將洗米水、煮麵水倒進去，還可以準備一個中大型的塑膠網籃，以便讓洗完的碗滴水瀝乾。此外，可別忘了洗碗的重要小道具：菜瓜布，天然絲瓜晒乾的當然最好，否則使用家中現成的就可以了。

步驟說明

講到洗碗，出現的畫面都是一堆油膩膩的碗盤——的確，如果大家只是把吃過的碗盤一股腦兒往水槽裡扔，就免不了噁心油膩又難洗。既然如此，為何不在洗之前就先加以處理呢？在第六個主題「你煮我收小幫手」中，曾經介紹過如何收拾餐桌。吃完飯先把沒吃完的打包收拾好，剩下不要的湯湯水水就倒在一起濾掉水分，將殘渣清乾淨，剩下的空碗這時不急著拿去洗，先處理一下，待會兒會更容易洗。剛才大家吃完飯擦嘴巴的衛生紙可別急著丟，這時先從最油膩的碗盤開始，用這些衛生紙擦掉上面的油漬……嘿嘿，是不是乾淨多了？至少不再油膩膩的了。把所有的碗盤依大的在下、小的在上的原則疊成一落，或是拿個大盆子裝好。為了安全起見，請大人幫忙拿到水槽，再請小小生活高手上場洗碗吧！

1. 先把所有的碗盤輕輕放進洗碗的大盆中。之前如果有留洗碗水或煮麵水，因為會沉澱，這時需要先攪一攪，而煮麵水表面容易凝結一層麵衣，則以手捏起掀掉就可以了。

2. 如果沒有洗碗水或煮麵水，就用一點洗碗精吧！實際上講到洗碗，孩子們不像無趣的大人們，只想到油膩的碗盤，他們的小腦袋瓜出現的畫面可是滿天飛舞的彩色泡泡！這樣的夢當然只能由洗碗精來成就囉！只要加一點就好，用手攪一攪，就會起一大盆泡泡。無論是洗米水、煮麵水或洗碗精，這時在盆中加些熱水，蓋過所有碗盤，讓碗盤在溫水中泡一下，可以讓飯碗上的飯粒軟化，同時也可分解殘餘的油脂喔！

3. 約十分鐘後，請爸媽將盆子稍稍傾斜，把上面的水倒掉一些，為什麼呢？因為溶解的油脂都會浮在表面，如此就可以再過濾一次了。但是抱著美夢的小朋友這時可能會發現泡泡都消失了，沒關係，再攪一攪就會出現了。好了，可以開始洗碗囉！

4. 拿起菜瓜布，將碗盤一個一個刷洗一次，記得裡外都要洗喔（圖25-1）！如果是雙槽式的水槽，可以將洗過的放到另一槽，而常見在

圖 25-1

水槽上放個懸吊式的碗盤架，當然很理想，否則也可放在塑

膠網籃內，不過要記得在下面墊個拖盤，否則廚房會鬧水災喔！

5. 等到所有的碗盤餐具都洗過一次，順便把洗碗槽刷一刷，再把要倒掉的洗碗水拿來沖一沖，一舉兩得。這時，把所有洗過一輪的碗盤放回大盆中，記得把剛才放置的網籃和菜瓜布沖乾淨，準備洗第二輪。

6. 沖洗碗盤時要以流水沖洗，水不必開得太大，以菜瓜布或手將碗盤內外充分沖洗乾淨，尤其是使用洗碗精的，要特別多沖一下（圖 25-2）。洗好的碗盤要倒扣放進滴水籃，這樣一方面有利於瀝乾餐具，另一方面才能有效利用空間，否則碗盤可會滿出來喔（圖 25-3）！

圖 25-2

圖 25-3

　　洗碗的工作到此已經完成大半，但是盡責的小小生活高手還要記得收拾善後，把流理台擦乾淨。至於溼答答的碗盤呢？最好避免用擦乾的，就讓它自然瀝乾吧，只要記得在晚上睡覺前收到櫥櫃裡就好了。吃是一大樂事，看到油膩髒污的碗盤重新變得乾乾淨淨，應該也是一大成就，鼓勵你家的大小寶貝試試看，別忘了事後給他一個大大的擁抱喔！

魔法掃把
掃掃掃

26

③ 中 平

孩子們第一次嘗試做某件事時，父母們的反應是什麼？就以掃地來說吧，剛會走路的娃兒就很喜歡拖著比自己高出許多的掃把，來來回回地說他自己在掃地，模樣實在很可愛。可是當大人們看到時會有什麼反應呢？——「哎呀，多危險啊！萬一跌倒怎麼得了？」「拿來拿來，小孩子會掃什麼地？弄得亂糟糟的」……所以啦，久而久之，孩子「當然」就不會掃地，也不願意做別的事了。不過，我們就「小人不計大人過」，讓小小生活高手好好地掃個地給爸媽們瞧瞧吧！

本次任務：掃地

- ♥ **基本能力：** 能雙手平穩地將掃把拿起和放下。
- ♥ **基本原則：** 左右開弓，服貼穩定。
- ♥ **準備事項：** 既然是掃地，想當然爾地一定要準備掃把和畚箕囉！傳統的掃把多以天然的鬃毛或竹子紮成，不只體積大，恐

怕也已很少見了。現在一般常見的掃把，多半是以人造塑膠纖維製成，不怕潮溼，體積也較輕巧，對孩子來說應該是比較適當的。至於畚箕，無論在體積或材質上，也較以往方便實用多了。當然如果需要重新買過，才會作上述考量，否則以家中現有的來練習也就夠了。

步驟說明

也許爸媽們會好奇，掃地有什麼難，不過就是拿掃把在地上來來回回，把髒東西聚在一起罷了。由此可見，其實說不定爸爸媽媽們也需要好好學學怎麼掃地呢！那麼到底要怎樣才能有效率地把地掃得乾乾淨淨呢？

① 掃把的操作

掃地掃得好不好，基本關鍵就在於掃把的操作正不正確。一般孩子們拿著掃把時，都會興奮地揮來揮去，如此當然容易把灰塵和垃圾揚得滿天都是。掃把要儘量貼著地面，不要揚起太多，才能掃起細微的垃圾，同時不會揚起灰塵。除此之外，拿掃把的位置也很重要。不是拿在身體的前面，也不是拿在身體的側面，而是應該由身體的側面向著斜前方掃。換句話說，如果以身體為圓心，那麼就是從三點鐘方向朝著十一點鐘方向掃。拿掃把時兩手要一上一下，後手（也就是要往前推的手）要在下面，另一隻手則在上面。也就是說，如果是一般的右撇子，就是將掃把拿在身體右側三點鐘方向，右手在下，左手在上，以右手將掃把

往十一點鐘方向掃去；左撇子則是相反，由九點鐘往一點鐘方向掃，右手上、左手下地往前推。對大孩子來說，質輕的掃把可能以單手操作就可以了（圖26-1）。

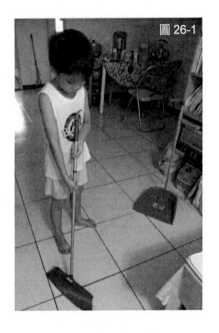
圖26-1

另外一個關鍵則在掃把提起放下的時機，掃把要到盡頭時，才能輕緩提起，不可以在中途揚起來……哇，沒想到光是拿掃把就有這麼多的學問，爸媽們可能必須自己先演練一番，並且到時候要先以身作則，親身說明示範一下喔！

② 掃的順序

以一個固定大小的空間開始練習，年齡愈小的孩子就從愈小的房間開始，可別一開始就叫孩子去掃無邊無際的操場，那可是懲罰，而不是學習了。「由角落開始，向中間集中」是最重要的原則；先找出整個房間的中心點，當然不一定非是正中心不可，只要是有一小塊集中點就好。如果房間太大，那麼可以設兩個或多個集中點，才不致於垃圾旅行的途徑太長，反而容易散落在半途，掃過等於沒掃。掃的時候可以設定順時針方向或逆時針方向，不要像蜜蜂採蜜一樣，嗡嗡嗡飛到東，嗡嗡嗡又飛到西，到

底哪裡掃過哪裡沒掃過，早就昏了頭。由離中心點最遠的門邊、
角落開始，向設定的集中點掃去。如果碰上有桌椅時，別忘了將
椅子挪開，桌子下面也記得彎下腰去掃一掃，才是周到的掃地高
手喔！

　　垃圾集中後，將畚箕拿
過來，一手將畚箕稍稍貼地
向前傾，也就是讓畚箕的屁
股翹起來，但是記得邊邊一
定要緊貼地面（圖 26-2），
這樣才不會在將垃圾掃進畚

圖 26-2

箕時，會從縫隙漏掉了。先將大型的垃圾像是塑膠袋、紙張等挑
出來直接丟入垃圾桶，剩下細微的灰塵等再用畚箕盛裝，這樣才
不致於畚箕裝不下時，垃圾又掉得滿地都是。慢慢地將垃圾掃進
畚箕，接著將畚箕屁股著地抖一抖，垃圾就會乖乖落袋了。

　　掃地雖然是小事，但是就像每天吃完飯必須洗碗一樣，就算
沒有天天洗，總得幾天洗一次。掃地也是一樣，如果掃得好，幾
天掃一次也能掃乾淨。因此一開始可以讓孩子天天掃掃地當作練
習，每天掃一個房間也好，掃完了請爸媽檢查看看，但是就算小
有缺失，也請爸媽一定要給予愛的鼓勵。頂多一個禮拜下來，孩
子一定就很能掌握竅門，成為掃地高手了，從此小小生活高手又
多了一項絕活，而家中當然又會更加整潔安康囉！

煮麵吃麵 面面俱到 ②

27

② 高寒

每到放長假時，爸媽們的重要任務就是別讓孩子當「英英美代子」，否則既怕出亂子，又怕放假放久了，孩子頭腦會「秀逗」。所以呢，這時候《小小生活高手》可就是爸媽們最大的救星了，沒做過的剛好可以開始學習，學過但久沒做而生疏的也需要複習；而以前因為年紀小或是沒時間學的任務，放假可有的是時間了～所以啦，小小朋友可以開始學著摺摺衣服，大朋友可以幫忙用電鍋煮飯，而掃地、收拾玩具等任務，當然更是每天必做的……就這樣把所有的任務再複習一次，保證孩子絕對有個充實又有意義的假期。當然啦，除了舊把戲，這回還要學個新招式，民以食為天，就請小小生活高手煮個麵條，讓全家一起過個歡樂假期！

🏮 本次任務：煮麵條

♥ **基本能力：**已經學會使用瓦斯爐的小小生活高手們（尚未學習者請參見本書第十一項主題）。

♥ **準備事項：**煮麵條可想而知，一定要有麵條，而煮食工具如瓦斯爐、鍋子等，也是必需的。

1. **麵條：**一般不外乎軟麵條和硬的乾麵條兩種，軟麵條通常較長，盤成一圈圈的，而硬的乾麵條則排列整齊，並且切成大約二十公分的長度，有的還會圈成一束一束的，方便計算份量（一束是一人份）。

2. **鍋子：**要有點深度，並且煮愈多麵條時要愈大愈深。

3. **其他：**煮完麵條當然要用工具撈起來，可以像拉麵店的師傅用雙長筷子，或去買一種看起來像狼牙棒，上面有齒狀突起的撈麵工具都可以。實際上除非一次煮很多，否則家裡一般吃飯用的筷子就很好用，只是記得一定要是木頭材質，而且沒塗漆的才適合放到滾水中撈麵條哦！

🏮 步驟說明

把麵準備好，可以買圈成一束一束的乾麵條，先煮一束練習吧！

1. 鍋子裝上約三到四飯碗的水（可以此比例對應要煮的麵條份量）。

2. 將鍋子放上瓦斯爐，先開大火把水煮開。

3. 水咕嚕咕嚕冒著氣泡時把火轉小，拿出一束麵條，拆掉圈著的紙，將麵條沿著鍋邊散成一圈放下去（圖 27-1）。小朋友如果怕燙到，就成

圖 27-1

一束放下去也無妨，只是記得要先抓住麵條的尾端，等乾麵條前端吸水變軟後，再將後段盤著鍋邊放進鍋內，可別丟了就跑，否則最可能的後果是麵條前端變軟時，後段因為垂在鍋外，結果就著火燒了起來。雖然不會繼續燒太久，但是麵尾巴會有一小段焦黑，那可就美中不足了。

4. 麵條放進鍋後將火開大些，但是水開後要馬上轉成中到小火，否則可會有一大堆泡泡冒出來，甚至會把火澆滅了。麵條放好，火調好之後，記得拿筷子輕輕攪一攪，可避免麵條黏在鍋底或互相糾結而煮不熟哦！

5. 由於各家廠牌不一，所以煮熟時間也不一樣，可以參考包裝上的說明，或是像煮水餃一樣，看到麵條由先前的不透明轉成半透明，而且稍稍膨脹時大概就差不多了。有經驗的媽媽會以筷子試試看，如果能輕易夾斷就是熟了，但是這對小朋友而言就有點像特技了——頂多就夾一條咬咬看吧！無論如何，麵條煮個五分鐘左右就可以了，當然如果是手桿麵或是粗麵條，就得再煮一會兒，而軟麵條多半會比乾麵條快熟些。

6. 要從滾燙的水中撈起一
根一根的麵條,對小朋
友而言也是一大挑戰。
這時可以準備另一個比
煮麵鍋低一點的鍋或大
碗,在裡面裝上過半的

圖 27-2

冷水或是冰水,麵條煮好時先把火關掉,若可能,爸媽可以
先把燙水倒掉一點,再幫忙把鍋子端到安全的平台或桌上,
把裝冷水的鍋或碗併排放在煮麵鍋邊,讓孩子把麵條撈到冷
水鍋裡(圖 27-2)。如此一來不僅較安全,而且滾燙的麵條
過過冷水後會更Q更好吃,也比較不容易互相沾黏。

　　成功煮好麵條了,可是好像要有配料才好吃,如果媽媽有空
煮個湯料當然最棒,否則別失望,還是可以拌個肉醬麵哦!買瓶
肉醬罐頭,打開後為了健康著想,最好把最上面那層油脂去掉,
再將肉醬倒進麵裡拌勻,嗯……一股香味撲鼻,大家的肚子一定
咕嚕咕嚕叫,如果爸爸能切點小黃瓜絲拌在一起就更是人間美味
了。吃完麵條,小小生活高手還可以幫忙洗水果,炎炎夏日,真
是營養健康又有成就感的一餐呢!小小生活高手們,趕快試試
看吧!

全家一起來 28
洗衣玩水

了中暑

台灣雖然是個小島，但可是個寶島喔！所以能夠兼備四季，而且風景如畫。也因此小朋友們常會互問：你最喜歡哪個季節？為什麼？——喜歡炎炎夏日的，多半是因為可以吃冰、游泳、玩水啊！——的確，在夏天，小朋友恨不得能整天玩水呢！配合小朋友喜歡玩水的特性，爸媽們可以讓孩子做些「水水」的家事，像是來個年「中」大掃除，將家裡洗刷一番。比起天寒地凍的「年終」大掃除，這時玩水不怕感冒，又可消暑。二來年底就會更輕鬆。除了大掃除，小小生活高手之前介紹過的洗玩具和洗自己的內褲、手帕和襪子等個人衣物，都可以趁著暑假溫故知新。而這回的任務也很「水」呢，那就是請大家一起來學洗衣服！

本次任務：洗衣服

- ♥ **基本能力**：最好已經學會洗自己的內褲、手帕和襪子等個人衣物（參見本書第十八項主題）。
- ♥ **基本原則**：分門別類，乾乾淨淨。
- ♥ **準備事項**：最基本的當然要有洗衣粉或洗衣精，但最重要的是，爸媽們自己可得先熟悉一下，自家的洗衣機是怎麼洗衣服的。

步驟說明

　　請問你家是誰在洗衣服？十之八九都會說是媽媽吧？其實現在科技發達，幾乎家家戶戶都有洗衣機，有的甚至像廣告說的，按個鈕一切 OK。因此讓孩子學洗衣服，絕對不是不可能的任務喔！雖說有了洗衣機，洗衣真輕鬆，但是衣服要洗得乾淨，問問洗衣服最有輕驗的婆婆媽媽們，就知道還是有「撇步」啦，現在就來看看吧！

① 分類

　　你家洗衣服是不分襪子、內褲、上衣、褲子，全部混在一起嗎？這樣可能不太衛生喔！最好大家都能像小小生活高手一樣，每天把自己的內褲、手帕和襪子等個人衣物洗起來，否則至少分類洗會比較好。

1. **以上半身、下半身衣物分類：** 內衣褲、毛巾和內著的上衣等屬於上半身衣物，下半身衣物則指外著的長、短褲和襪子等，但是下半身的內褲要歸入上半身，而上半身的厚重衣物如外套等，則反而歸為下半身。

2. **以顏色深淺分類：** 可想而知是以衣物的顏色分類。但是難免有時會有矛盾，像內褲與白襪子雖然都是淺色，卻不能混在一起。因此建議兼顧兩種原則，彈性分配。爸媽可依家中習慣的方式示範，幾次之後，孩子應該就能掌握其中原則，碰上不確定的項目時再詢問即可。

② 去污

洗衣服就是要把衣服洗乾淨，可是洗衣機還沒有神奇到只要丟進去，洗完就潔白如新。記得小時候看媽媽洗衣服，總會將所有衣服泡一陣子，然後一件件檢查，在內褲的褲底、上衣的領口、袖口和腋下打上肥皂搓一搓，才會丟進洗衣機洗，難怪衣服總能常年如新。雖然不見得要這麼費功夫，但至少處理污漬是一定要的。對孩子而言，只要會在污漬的地方沾溼，塗上肥皂再搓一搓就夠了，漂白等較複雜的去污方式，還是由大人處理以免危險。

③ 清洗

洗衣機大致上不外乎滾筒式和攪拌式兩類，區別就在於洗衣槽中是否有攪拌棒。滾筒式多半是單槽，攪拌式的則有單雙槽之

分。雙槽的洗衣和脫水分開，單槽則兼具此二功能。無論是哪種洗衣機，上面多半有兩組基本鈕，一組控制進水、排水和脫水，一組則控制洗滌時間和方式。當然也有簡化到只有一、兩個按鈕，或是以轉盤形式控制的。無論如何，洗衣服總不外乎幾個基本程序：

1. **加入洗衣粉或洗衣精**：最重要的是不要過量，尤其如果已經處理過污漬，洗衣粉寧可少不可多，以免洗不乾淨而殘留。

2. **進水——調整水位**：一般會依水量多少分為高中低水位，依據衣服的量調整，以能蓋過所有衣服為原則。

3. **設定洗滌時間**：由幾分鐘到幾十分鐘不等，有的還可自訂，洗一道大約十五分鐘左右就可以。

4. **排水**：將洗完的髒水排掉，再注入乾淨的水，才能把衣服洗乾淨。

5. **脫水**：讓衣服的水分在高速旋轉時排除。通常是衣服洗完時才脫水，但衣物太髒時，也可以先將髒水先脫除，能較快洗淨。如果是雙槽洗衣機，在洗滌脫水時，需要將衣服換到另一槽。要注意的是，要讓衣服鋪得平整，否則可會鏗隆鏗隆地響，變成打架洗衣機喔！

其中洗滌——排水的程序需要重複幾次，直到洗衣服的水轉為清澈，才能確保衣服洗乾淨了。有的媽媽會將後來幾道較乾淨的水舀起來，沖馬桶、拖地、澆花等，很環保喔！但如果是一啟動就洗到底的機型，就無法如此了。衣服洗乾淨了，但還得晾乾，怎麼晾？就待下回分解囉！

晾衣高手就是我！

29

ㄅ 中暑

「最近你家都是誰在洗衣服？」介紹過如何洗衣服之後，希望聽到的回答是「當然是我家的小小生活高手囉！」如果覺得有點虐待童工，至少爸爸媽媽可以和孩子一起洗。如果還是老爸老媽在洗……那……那我也救不了你了。不過，洗完衣服之後還有一個重要的後續步驟，那就是晾衣服，爸媽們可得把握這次的機會，不只能解脫繁重的家務，還能和孩子一起學習成長，何樂而不為？——衣服洗好了嗎？那麼就讓我們開始這回的超酷任務：晾衣服！

本次任務：晾衣服

- 💗 **基本能力**：能夠雙手拉緊衣物即可。
- 💗 **基本原則**：拉拉扯扯，乾淨平整。
- 💗 **準備事項**：衣架是最基本的，此外像是圓形或方形，下面垂著很多夾子的晾衣架，以及散裝的衣夾子等，都是必要的輔助工

具。而小小生活高手的衣服，很多是不能用大衣架硬撐的，因此記得準備中小型衣架喔！

步驟說明

想想看，襪子、內褲、上衣和褲子的晾法有所不同吧？……所以囉，洗衣服要分類，晾衣服也一樣要分類。怎麼分呢？基本上，只要先將內褲、襪子、手帕等輕薄短小的挑出來，再挑出大外套、長褲、大毛巾、床單等大件衣物，其餘的再歸為一般衣物就成了。

① 輕薄短小類

衣服洗好後，先拿個臉盆，把內褲、襪子和手帕等輕薄短小的挑出來，可以讓小小朋友負責這個超級任務。再請他玩個配對遊戲，把襪子先成雙成對配好，然後捏著兩隻襪子各一邊襪口的內側，夾到下面垂著很多夾子的晾衣架上（圖 29-1）。不要將兩隻襪子的襪口全部夾死，一方面太厚不好夾，另一方面不容易乾。

圖 29-1

但如果是厚的運動襪，還是分開一隻一隻夾較適當。同樣是輕薄短小的內褲，媽媽和小朋友的小褲褲，也可以和襪子一樣，夾在

晾衣架上，但最好能攤開，夾住褲頭兩邊。但如此一來，一個晾衣架便晾不了幾件，那就用兩個晾衣架，一個晾襪子，一個晾內褲，既能清楚分類，也不怕無處可晾。但是碰上少爺的四角褲，或是老爺的大內褲時，晾衣架可就派不上用場了，這些還是歸到一般衣物吧！

② 厚重大件類

家中總難免會洗床單、毛巾等，攤開面積很大、洗完又溼又重的衣物，這些都很難用衣架晾。這時何妨拉些有靠背的椅子，

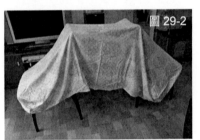

圖 29-2

或在睡覺前把床單、毛巾等攤在椅背之間（圖29-2），第二天起來多半就已半乾或全乾，可以輕鬆地掛上衣架，晾到外面再讓太陽晒個透。如果嫌攤開占空間，則可以往前披垂到椅座前端（往後披椅子會向後倒），但要記得拉直，讓毛巾和椅背從側面看時會形成一個三角形的空隙，這樣才容易乾（圖29-3）。外套或是冬天沉甸甸的大件上衣，也可以如法炮製，洗完就把它們「穿」到椅背上，長褲一樣將褲頭扣好

圖 29-3

套上椅背。怕乾不了？再教你一個高招：拿個風扇對著吹，一個晚上下來保證乾巴巴。碰上冬天下雨時，這招尤其好用喔！當然啦！如果怕麻煩，就乾脆送洗了事吧！

③ 一般衣物類

　　輕薄短小和厚重大件的都晾好了，剩下的是通常數量最多的一般衣物。晾時把握一個原則：把衣架當成人，你會怎麼穿上這些衣服，就怎麼把它們穿上衣架。像襯衫或外套等前襟完全敞開的上衣，就將袖子套上衣架，扣個釦子、拉上拉鍊就好了。穿運動衫要從頭上套下去，那就抓著衣架上的彎勾勾，把衣服從上面套進去。但是晾衣服可不只是把衣服掛上衣架，就像洗衣服有「撇步」，晾衣服的學問在於一個重要步驟：「拉拉扯扯」──把衣服拉平。這時有靠背的椅子又是好幫手，將掛好衣服的衣架勾在椅背上，一手拉著衣服的肩膀，另一隻手拉著下襬，用力拉幾下（圖29-4）。換邊將衣身兩邊都拉平整之後，別忘了再一手抓著肩膀，一手抓住袖口，把袖子也拉順。這樣衣服就不會像鹹菜乾一樣皺巴巴，由此也可看出，你的確是晒衣高手唷！

圖 29-4

　　至於下半身的褲子，鬆緊袋褲頭的可以直接穿上衣架，記得把腰側口袋的內裡翻出來，讓衣架兩端由此凸出，褲子會掛得更

穩當，晒完後也不會兩側凸
出來變了型。西裝褲等則較
適合將褲頭扣好，以夾子夾
在衣架上，女生的裙子也可
比照這兩種晾法。如果是較
重的長褲，可以折半穿過衣

圖 29-5

架懸掛，讓衣架落在褲襠處，再將兩隻褲管分開。同樣地，褲子
也需拉拉扯扯，才會更平整喔（圖29-5）！

　　晾完衣服，請爸媽幫忙拿出去晒吧！從此小小生活高手可是
從洗衣服、晾衣服到摺衣服都會的「全能衣物高手」囉！

讓孩子露一手 30 「蒸」功夫

② 高平

家有國中小學生的爸媽們，每天總要起個大早，還不能把孩子直接丟到學校，因為學校可不像幼稚園，是不會供應早餐的。所以囉，爸媽們要嘛得守在一旁，緊張兮兮地催著孩子快吃，要嘛只好半路上買個麵包、三明治丟給孩子，交代他到學校吃。但碰上冬天時，帶到學校的早餐往往早就冷了，吃起來也不那麼可口，而且冰涼涼的早餐吃下去，肚子可能也不太舒服。天氣漸漸轉涼時，何不讓孩子跟著《小小生活高手》，學一手「蒸」的好功夫。學會蒸包子、饅頭之後，在寒冷的冬天，為全家蒸一籠暖烘烘的愛心早餐——很多媽媽大概要說「別傻了，簡直是作夢！」——嗯，看完這次的小小生活高手，說不定美夢就會成真哦！

🍲 本次任務：蒸包子

♥ 基本能力：已經學會使用瓦斯爐的小小生活高手們（想要學習者請參見本書第十一項主題）。

♥ 準備事項

1. **器具：** 要蒸東西，一定會想到傳統的蒸籠，如果家裡剛好有當然最好，否則可以買個不鏽鋼的蒸盤或炊架。蒸盤呈圓盤狀，上面鑽了很

圖 30-1

多透氣孔，炊架則是由間距約一公分的平行不鏽鋼條形成的圓盤狀架子，隨著腳架的高低而有不同的高度（圖 30-1）。蒸盤或炊架一定要放在大鍋或電鍋內，家裡有傳統電鍋的，可以直接用來蒸食物，否則就要準備個可以將蒸盤或炊架放進去、可加蓋的大鍋子，也因此蒸盤或炊架的大小就要以放得進各家的鍋子為準。使用炊架的，可以選用約七、八公分高的，但是使用蒸盤的，則需要準備個飯碗把蒸盤墊高，以免水滾時食材會泡在水裡面。萬一真的沒有蒸盤或炊架，難道就不能蒸食物嗎？也沒那麼嚴重啦！拿個盤子架在飯碗上，再放到大鍋裡，也是可以將就當蒸盤，只是蒸出來的效果還是會差一點點啦！最後，要夾起燙燙的包子，別忘了準備一雙筷子哦！

2. **食材：**蒸的食材很多，要讓小朋友容易上手又有成就感，就先蒸個包子吧！超市很容易買到各式的冷凍包子，但建議先從小型非肉餡的包子開始，像小芋泥包、奶皇包或芝麻包等，或是小朋友愛吃的鮮奶饅頭也不錯，等到上手後再進階到大型有肉餡的包子或其他食物吧！

步驟說明

1. 把器具準備好，在鍋內倒上一大碗水，水的高度至少要有三公分。將炊架放進鍋內，如果使用蒸盤，則將飯碗裝八分滿的水放進鍋子，再將蒸盤放在上

圖 30-2

面。沒有蒸盤的就在上面放個盤子，記得材質要瓷器的哦（圖 30-2）！

2. 冷凍包子不必先解凍，將包子一個個放在蒸盤或炊架上，讓每個包子之間有點距離，不要緊貼在一起，然後蓋上鍋蓋。電鍋只要按下開關，鍋子則請爸媽幫忙放到瓦斯爐上。

3. 鍋子放好後開大火，等水滾後轉成中火。水滾時會冒出白煙，鍋蓋也會被水蒸氣衝得上下跳動，還會聽到水滾的咕嚕聲，所以先別打開鍋蓋，以免燙傷哦！

4. 蒸個約三、四分鐘後，最重要的步驟來了，打開鍋蓋（記得打開時要將鍋蓋朝外掀開，擋在身前，以免被沖出來的蒸汽

燙到，或是要先戴上隔熱手套），拿一支尖頭的木筷子，在每個包子正中央戳個洞，為什麼呢？因為冷凍包子往往中間的餡是最難蒸透的，時常會看著外表已經蒸得白胖圓潤了，咬下去卻還是中間冰涼涼的沒蒸透，因此這時只要用筷子一戳就見分曉了──蒸透了很輕鬆就能戳透，而且裡面的餡還會黏在筷子上，沒蒸透的就會硬硬的，這時就知道需要再多蒸一下了。不過戳了個洞的包子也會蒸得比較快，所以不管如何，蒸到一半就打開鍋子點點名，在包子頭上戳一下，叫它趕快蒸透，大家的肚子都餓得咕嚕咕嚕叫了啦！點名戳洞後的包子大約再一、兩分鐘就一定蒸透了，打開鍋蓋，一股香噴噴的味道馬上撲鼻而來，讓人忍不住要大快朵頤──小心燙哦！如果不馬上吃，就先讓蓋子繼續蓋著吧。

冬天的早上，可以一起床就放下去蒸，洗臉、刷牙、換好衣服，剛好差不多蒸好了。如果要帶出門，記得一定要在出門前才打開蓋子，再用耐熱袋裝好，放進衣服口袋，既可保溫又不怕壓扁或燙到，保證孩子到了學校、爸媽到了辦公室，打開都還是熱熱的。在冬天早上吃一口暖暖的早餐，一天都會有好心情，而且活力無限哦！不只是早上，隨時隨地，爺爺奶奶愛吃的芝麻包、爸爸媽媽愛吃的大肉包、哥哥姊姊愛吃的奶皇包、弟弟妹妹愛吃的芋泥包，當然還有我愛吃的鮮奶饅頭，通通看我露一手「蒸」功夫，等一下，美味就上桌囉！

掃廁所 31 不再是苦差事

3 中 平

說到每天的開始，你知道全家一天的開始和結束，都是在一個重要的地方嗎？哦……不不不，不是床上，而是一個共同的地方。通常一早大家都會催著裡面的人：「快點快點，我也要上！」……對了，就是廁所。想想看，每天早上，大家一定要先上個廁所，然後刷牙洗臉，晚上睡覺前也一樣，對吧？既然廁所是大家每天必須報到的地方，那麼每個人是否都應該好好清理，保持廁所的乾淨與整潔呢？所以這次就要請小小生活高手，當然還有家裡的每個成員，一起來掃廁所！

聽到這個主題，大小朋友大概都會皺起眉頭，不約而同地說「噁心！」——的確，如果不常常清掃，廁所很快就會變成令人卻步的噁心地方。其實只要每天洗澡時順手洗洗刷刷沖一沖，廁所就能乾乾淨淨。那麼到底掃廁所需要清理哪些地方呢？最重要的當然是刷馬桶和洗臉台，如果能夠再刷刷地板和沖沖牆壁，那

就更周到了。每天早晚都要報到的地方，如果裡面乾乾淨淨的，不也讓大家每天心情都很愉快嗎？那麼，就請大家一起來掃廁所吧！

本次任務：掃廁所

- 💗 **基本能力：**可握緊掃把和刷子即可。
- 💗 **準備事項：**掃廁所要準備的不外乎清掃工具和清潔用品。清潔用品倒是簡單，如果沒有專用的浴室清潔劑，只要一點肥皂粉，或是就用洗澡、洗頭的沐浴乳或洗髮精也可以。至於清掃工具則會稍有區別，刷洗臉台的會用手握式或是有個小握把的塑膠或鬃毛刷，而刷馬桶可想而知，大家避之唯恐不及，當然一定要拿個長柄的刷子，離得愈遠愈好。其實馬桶刷的刷柄太長會不容易使力操作，不見得順手好用，大約四十五公分長左右最適合。但是如果要刷地，可又得要長柄的才好用。所以呢，分別因應不同的用途和地方，我們會需要準備各式不同的刷子（圖31-1）。不過，異中求同的是這些刷子最好選

圖 31-1

前端是尖頭的，較能清除縫隙或轉角的污垢。除了這些刷子，浴室內的蓮蓬頭也是重要的輔助工具，如果能調整水柱的強弱，將會更理想哦！

步驟說明

1. **刷洗臉台：**想想看，全家人每天都把刷牙的泡沫往洗臉台裡吐，是不是該好好刷一刷呢？晚上刷牙洗臉完畢是最好時機。趁著洗臉台有點溼又不會太溼
圖 31-2

時，記得先把上面放的牙刷、洗面乳等用品挪開，然後在洗臉台內滴個一、兩滴沐浴乳，拿起手握刷，以打圓圈的方式，順著水流的方向，由高往低點的漏水孔處整個仔細刷一圈吧！比較難刷的是洗臉台邊緣的一圈凹槽，這時要以刷子尖端配合手的轉勢變換，或是使用一種環保牌祕密武器：廢棄的牙刷，可以迅速有效地刷去縫隙的髒污。好了，刷得差不多了，這時打開洗澡的蓮蓬頭沖沖洗臉台（圖31-2）……哇，馬上亮晶晶，真有效！

2. **刷馬桶：**刷馬桶時最怕但也是最需要去除的，就是尿漬和便垢——噯～愈說愈噁心！但其實只要用對方法，就可以很快地讓馬桶清潔溜溜哦！首先，將馬桶水箱按下沖水，確認裡面沒有殘留衛生紙等任何雜物後，將馬桶圈和馬桶蓋都蓋

好。接著拿起洗澡的蓮蓬頭，將水柱調到最強，打開水對準馬桶，從最上面的水箱開始由上往下沖，接著沖馬桶蓋，沖好後把馬桶蓋掀起沖馬桶圈，再將馬桶圈掀起，對準最容易殘留尿漬的馬桶邊上那一圈沖一沖，最後沖沖最下面的便盆，第一回合到此先告一段落。在強力水柱的大放送下，馬桶這時應該已經乾淨不少，至少尿漬應該會隨波逐流而消失不見。這時，再比照刷洗臉台的方式，滴一、兩滴潔廁劑、沐浴乳或撒一小撮肥皂粉，注意最好滴在便盆斜坡處，不要滴在聚水處，以免稀釋了清潔劑的濃度。接著拿起短柄刷，如同刷洗臉台的方式，由高往低從便盆斜坡處往聚水處刷一輪，不同的是馬桶的聚水處往往也是尿漬便垢最容易聚積的地方，因此，這時要將馬桶刷直立起來，以便能比較貼合聚水處的弧度，將最低點的聚水處也刷完後，再按一次馬桶水箱，讓水充分沖淨馬桶內部，再看看還有哪裡沒刷乾淨的，再補個一、兩刷就應該大功告成了。沖好後記得把馬桶圈和馬桶蓋豎直，好讓水瀝乾哦！

3. **刷地：**除了馬桶和洗臉台之外，浴室的地板和牆壁其實也應該偶爾刷一刷，尤其是碰上陰雨綿綿的雨季，浴室瓷磚的縫隙很容易發霉。同樣撒一點肥皂粉或清潔劑，以長柄刷由浴室門口往裡面刷，尤其注意牆腳的接縫處要將刷毛貼合牆壁角度，牆壁則可以拿刷洗臉台的手握刷較方便。刷地時要特別留意，不要站在有清潔劑的地面上，以免滑倒，刷好同樣以蓮蓬頭沖淨就好。

　　其實只要大家用心維護，浴室倒不必天天刷，週末晚上讓孩子摸蛤兼洗褲，洗澡時順便刷刷浴室吧！既不怕沖溼衣服又不趕時間，孩子樂得玩水又能幫個大忙，大人輕鬆小孩快樂，一舉兩得。只是爸媽一定要記住，無論孩子做得如何，一定要好好誇讚他哦！否則掃廁所這檔「好」差事，下回可就沒人做囉！

國家圖書館出版品預行編目（CIP）資料

小小生活高手：培養兒童生活自理能力／洪敏琬著.
--初版.-- 臺北市：心理, 2009.07
　面；　公分.--（親師關懷系列；45035）
ISBN 978-986-191-282-0（平裝）

1. 親職教育　2. 生活教育

528.2　　　　　　　　　　　　　　98010394

親師關懷系列 45035

小小生活高手：培養兒童生活自理能力

作　　　者：洪敏琬
執行編輯：陳文玲
總 編 輯：林敬堯
發 行 人：洪有義
出 版 者：心理出版社股份有限公司
地　　　址：231026 新北市新店區光明街 288 號 7 樓
電　　　話：(02) 29150566
傳　　　真：(02) 29152928
郵撥帳號：19293172　心理出版社股份有限公司
網　　　址：https://www.psy.com.tw
電子信箱：psychoco@ms15.hinet.net
排 版 者：葳豐企業有限公司
印 刷 者：正恆實業有限公司
初版一刷：2009 年 7 月
初版四刷：2024 年 10 月
I S B N：978-986-191-282-0
定　　　價：新台幣 180 元